AF524986

»Die Kunst gehört allen«

Museumsgründer Reinhard Ernst
im Gespräch mit Peter Lückemeier und Stefan Schröder

REINHARD ERNST

»Die Kunst gehört allen«

Museumsgründer Reinhard Ernst im Gespräch mit Peter Lückemeier und Stefan Schröder

Waldemar Kramer

KAPITEL EINS

»Abstrakte Bilder geben mir die Chance für eine eigene Interpretation.«

Erstbesuche im Museum,
die Lust am Abstrakten,
Kunst ohne Vorschrift,
das erste Bild,
Sammeln als Leidenschaft

Herr Ernst, wie haben Sie für sich die Kunst entdeckt?

Da müssen wir zurückschauen in die Siebzigerjahre. 1971 hatte ich in einer Firma als Angestellter begonnen, die ich dann viele Jahre später übernahm. Das Unternehmen war ein amerikanisch-japanisches Joint Venture, das in Europa eine Gesellschaft zur Fertigung und Verkauf von Antrieben aufbauen sollte. Unsere Aufgabe war es, Antriebe zu verkaufen, die wir aus Japan und den USA bezogen, aber das Geschäft in Deutschland lief schlecht. Also reiste ich viel ins Ausland, meistens zwei Tage pro Woche. Auf diesen Auslandsreisen mit dem Zug – damals hatte die Firma wenig Geld – begann ich irgendwann, an regnerischen Wochenenden Museen zu besuchen.

Waren Sie daheim in einer kunstaffinen Atmosphäre aufgewachsen? Gehörten Museumsbesuche zum Familienprogramm?

Gar nicht. Und in der Realschule in Hofheim, die ich besuchte, waren pro Jahr ein Besuch im Schwimmbad und einer im Museum vorgesehen. Tatsächlich gingen wir dann aber nur, wenn ich mich recht erinnere, ein einziges Mal in ein Museum. Das war eine fremde Welt für mich.

Welches Museum besuchten Sie dann erstmals allein?

Es war Ende 1985 das Musée Picasso in Paris. Die wichtigsten Exponate dort waren eigentlich nicht abstrakt, sondern figürlich. Picasso war ja ein Meister darin, vor allem Gesichtern eine ganz eigene, verfremdete Gestalt zu geben, zum Beispiel diese Profilansichten, bei denen die Augen parallel untereinanderstehen. Diese Bilder, vor allem auch die Farben, übten eine Faszination auf mich aus, schon damals. Vorher, ich denke, es war 1982, besuchte ich gemeinsam mit unserem französischen Vertreter das Musée d'Orsay. Ein wunderschöner alter Bahnhof in Paris. Ich weiß nicht mehr, was gezeigt wurde, allerdings kann ich mich noch an die riesengroße, tolle Bahnhofsuhr erinnern. Später besuchte ich dort Kunstausstellungen, teilweise auch mit abstrakter Kunst.

Achteten Sie schon besonders auf abstrakte Bilder?

Nein. Ich erinnere mich jedenfalls nicht mehr daran. Die Lust am Abstrakten kam bei mir später.

Wie lange hielten Sie sich im Picasso-Museum auf?

Ich glaube, zwei Stunden.

Ziemlich viel Geduld für einen Anfänger.

Ja, das übte schon einen so starken Reiz auf mich aus, dass ich mir vornahm, noch einmal hinzugehen. Tatsächlich steuerte ich aber bei meinem zweiten Museumsbesuch den Louvre an. Der Eindruck dort war auch stark, aber nicht so faszinierend wie der im Musée Picasso. Fast noch interessanter als die Kunst waren die Besucher für mich. Mit welcher Ehrfurcht sie durch diesen Louvre gingen! Auf was sie achteten, wie sie sprachen!

Anfangs sind Sie also mehr oder weniger zufällig in die Museen gestolpert. Sind Sie dann irgendwann zu einer systematischen Besuchsfolge übergegangen?

Ja, genau wie ich meine geschäftlichen Reisen plante, verliefen auch die Museumsbesuche nicht mehr zufällig. Am Anfang war Regenwetter der Anlass, bald entfiel das als Grund für einen Museumsbesuch. Ich fuhr meist mittwochs nach Paris, habe samstags noch mit unserem Vertreter zusammengearbeitet und fuhr in der Regel am Sonntag gegen Abend wieder mit dem Zug nach Hause. Der Samstagnachmittag und der Sonntag bis zur Abreise waren die Zeit für die Besuche in den Museen und bald auch in Galerien. Ich schaute dann schon gezielt danach, was die jeweiligen Häuser zeigten.

Zwischen den eher zufälligen und den geplanten – wie viel Zeit lag dazwischen?

Zehn oder fünfzehn Museumsbesuche vielleicht. In Paris waren es wahrscheinlich alle Häuser, die bildende Kunst gezeigt haben. In Saint-Paul de Vence das Museum Fondation Maeght mit den Werken Chagalls und anderer großer Künstler. In London unter anderem die Tate Gallery und die vielen anderen wunderbaren Galerien. Wobei ich schon früh eine Vorliebe für Gemälde entwickelte; Plastiken und Skulpturen interessierten mich zwar auch, aber weniger. Dann hatte ich ja schon gemerkt, dass ich besondere Freude an abstrakter Kunst empfand. Ich weiß gar nicht, ob ich diese Werke schon für mich unter dem Begriff »abstrakt« verbuchte. Ich merkte aber etwas anderes: Die größte Freude hatte ich an jenen Bildern, bei denen ich mir selbst vorstellen konnte, was sie darstellten. Bei denen mir die Kunstwerke keine Vorgaben machten. Die Mona Lisa ist die Mona Lisa, daran gibt es nichts zu deuten. Ein abstraktes Bild aber gab und gibt mir die Chance, eine eigene Interpretation zu finden. Ich kann in einem abstrakten Gemälde mehr als nur eine Deutung erkennen. Frank Stella sagte: »You see what you see.«

Sie haben auch festgestellt,
dass der Titel eines abstrakten Bildes eine untergeordnete Rolle spielt?

Oft jedenfalls. Oder wie K. O. Götz mir einmal sagte: »Der Titel ist doch scheißegal.«

Diese zehn bis fünfzehn Museumsbesuche bedeuteten eine allmähliche Annäherung an die Kunst? Oder gab es ein Schlüsselerlebnis, einen Erweckungsmoment?

Nein, es war eine allmähliche Annäherung, sie ist gewachsen. In der Liebe ist es ja auch oft so. An einen spektakulären Augenblick, in dem es »gefunkt« hätte, kann ich mich nicht erinnern.

Hatten Sie in Ihrer frühen Phase der Erkundung ein Lieblingsmuseum?

Eigentlich nicht. Und zwar deshalb, weil ich nirgendwo sah, was ich am liebsten gesehen hätte, nämlich ganz viel geballte abstrakte Kunst. Oder noch besser: ein ganzes großes Haus ausschließlich mit abstrakter Malerei.

Ist Ihnen mittlerweile ein Museum bekannt, das sich rein auf die Abstraktion konzentriert?

Nein, ich habe weltweit sicherlich mehr als zweihundert Museen besucht, aber ein Haus dieser Art kenne ich nicht.

Das mussten Sie selbst bauen.

Ja. Es gibt natürlich Häuser wie das Emil Schumacher Museum in Hagen oder Das Quadrat in Bottrop. In denen geht es aber vor allem um die Präsentation der großartigen Werke von Emil Schumacher und Josef Albers, nicht um eine Gesamtschau internationaler abstrakter Kunst nach 1945, wie es das Museum Reinhard Ernst (mre) bieten wird.

Sie erwähnten Galerien, haben sich also doch schnell für die Möglichkeit eines Erwerbs von Bildern interessiert?

Das Interesse an den Galerien ergab sich ganz automatisch mit der wachsenden Faszination für Kunst. Aber ich ging ohne Portemonnaie in die Galerien.

Um sich vor sich selbst zu schützen?

Nein, weil ich damals kein Geld hatte. In Paris gab es in den Siebzigerjahren eine unglaubliche Vielfalt an tollen Galerien. Auch in ganz kleinen konnte man Schätze entdecken. In einer sah ich ein Bild von Jackson Pollock, der zwar nie in Paris gewesen sein soll, aber dort schon früh gehandelt wurde. Ich sah Bilder von Judit Reigl. Auch japanische Künstler waren vertreten. Und solche Bilder konnte man damals günstig kaufen. Aber »günstig« hieß immer noch ein paar hundert Mark. Die hatte ich nicht.

Können Sie sich an ein Bild oder einen Künstler erinnern, das oder der Sie in Ihren Anfangsjahren besonders beeindruckte?

Ja, ich sah in einer Galerie am Boulevard Haussmann ein wunderbares Bild von Judit Reigl, der ungarischen Malerin, die in Paris lebte und im Jahr 2020 hochbetagt starb. Ich habe sie nie persönlich kennengelernt, hatte aber Gelegenheit, mit einem ihrer Vertrauten Briefe in ihrem Auftrag auszutauschen. Über ihn konnte ich zwei besonders schöne Werke kaufen.

Warum haben Sie dieses Bild, das Ihnen damals so gefiel, nicht erstanden?

Ich hätte es sofort gekauft. Aber es kostete damals umgerechnet schon dreihundertsechzig D-Mark. Das war für mich einfach zu teuer. Obwohl sie, wie ich heute weiß, mit ihren Werken in allen großen Pariser Kunstmuseen vertreten ist, geriet Judit Reigl irgendwann in Vergessenheit, international spielte sie nur eine kleine Rolle. Was nichts mit ihrem Rang in der Malerei zu tun hat. Heute hat sich das grundlegend geändert.

Heute haben Sie ein sicheres Gefühl für Qualität.
Wie lange brauchten Sie für die Entwicklung Ihres künstlerischen Geschmacks?

Ich würde sagen, er setzte nach fünf, sechs Jahren allmählich ein und entwickelte sich im Laufe der Jahre immer weiter. Die Vorliebe für das Abstrakte entstand dabei recht früh. Vielleicht deshalb, weil ich jemand bin, der Vorschriften nur bedingt mag. Bei der Abstraktion kann ich mir, wie gesagt, mein eigenes Bild machen. Ich mag es nicht, vorgeschrieben zu bekommen, was ich beim Betrachten eines abstrakten Werkes zu sehen habe. Im Laufe meines Lebens habe ich auch gelernt, dass Kuratoren oft Dinge erzählen, die ihren eigenen Vorstellungen entsprechen und die manchmal mit dem Werk, das sie beschreiben, wenig zu tun haben. Ich ließ mich anfangs bei Führungen beeindrucken, das gebe ich zu. Manchmal verstand ich gar nichts, weil mir das Vokabular, das bei solchen Interpretationen verwendet wurde, unverständlich war.

Sie setzen bei Ihrem eigenen Museum auf Verständlichkeit?

Unbedingt. Es ist mir mit Blick auf unser Museum enorm wichtig, dass wir den Menschen die abstrakte Kunst in einer verständlichen Sprache vermitteln. In den schwer zugänglich wirkenden Bildern steckt eine hohe Kunstfertigkeit. Diese soll Betrachtern nicht durch eine nebulöse, abgehobene Bildbeschreibung vorenthalten werden.

Ab welcher Phase auf Ihrer Reise durch die Kunst interessierten Sie sich speziell für die abstrakte Kunst?

Das hat relativ früh angefangen. Ich würde sagen, nach etwa fünf Jahren, weil ich merkte, dass mich die Abstraktion am meisten ansprach und interessierte. Ich habe zunächst auch nicht nach den Namen der Urheber dieser Bilder geschaut, die sagten mir ja nichts. Ich kam über die Bilder zu deren Schöpfern.

Sie sind ja kein Einzelgänger. Haben Sie sich über Ihre Kunsteindrücke mit anderen ausgetauscht? Sind Sie aus Paris nach Hause gekommen und haben zu Ihrer Frau oder jemand anderem gesagt: »Ich habe da dieses fantastische Bild gesehen, das muss ich dir beschreiben«?

Sie haben das richtig beobachtet: Ich bin kein Einzelgänger. Aber meine Mitteilsamkeit ist eher jüngeren Datums.

Als jüngerer Mann waren Sie als gebürtiger Westerwälder eher wortkarg?

Natürlich habe ich meiner Frau erzählt, dass ich im Museum war, dass ich es dort toll fand. Aber ich habe nie von Details berichtet, so wie ich daheim auch nie Einzelheiten aus dem Geschäft ausbreitete. Zum einen, weil ich Abstand gewinnen wollte, und zum anderen hätte ich meine Frau mit vielen Dingen eher belastet, das wollte ich nicht. Erst später, als wir unsere erste Wohnung einrichteten, habe ich mehr über meine Vorlieben in der Kunst erzählt.

Die Entscheidung, welche Bilder aufgehängt wurden, trafen dann vor allem Sie?

Das war damals so.

Weil Geschmack nicht demokratisierbar ist?

Ja, aber Geschmack – auch in der Architektur und Innenarchitektur – ändert sich. Mein ästhetischer Geschmack – aber auch der meiner Frau – ist heute ein ganz anderer als vor zwanzig oder dreißig Jahren. Nur meine Vorlieben in der Kunst haben sich eigentlich nicht verändert.

Aber Ihre Qualitätskriterien haben sich doch gewandelt, oder?

Ja, und zwar insofern, als ich mit der Zeit gelernt habe, das Handwerkliche in der Malerei wertzuschätzen. Ich habe gelernt, Farbverläufe zu studieren. Ich habe viel über Farben gelernt und darüber, wie sie entstehen. Joseph Marioni, der amerikanische Maler, mittlerweile ein Freund von mir, besuchte einmal mein Depot. Wir hatten zwei Stunden veranschlagt, tatsächlich blieben wir sechs Stunden dort. Unter anderem betrachteten wir eines seiner monochromen Bilder, die ich für meine Sammlung gekauft hatte. Jedenfalls scheint es dem Betrachter monochrom. Er sagte: »Monochrom heißt ja nicht wirklich einfarbig. Hier sind dreiundzwanzig Farben drin.« Er ließ mich auf den Rand schauen, ich sah die letzten Farbausläufe, die man normalerweise gar nicht wahrnimmt, und da habe ich immerhin zehn Farben gezählt. Aber ohne seinen Hinweis hätte ich das womöglich nicht entdeckt. Das Auge muss geschult werden. Und inzwischen erkenne ich, ob ein Bild mal eben so dahingekraxelt wurde oder nicht.

Joseph Marioni, »Red Painting«, 1984

Suchten Sie irgendwann den Dialog mit anderen Kunstinteressierten?

Hin und wieder mit Kuratoren, wenn ich die Gelegenheit dazu hatte, aber vor allem mit Galeristen, die ich dann bald besuchte, in München – und hier besonders mit Hans Maulberger –, in Frankfurt, Köln und Düsseldorf. Aber in den letzten Jahren hat dieser Austausch stark nachgelassen und begrenzt sich auf zeitgenössische abstrakte Kunst.

Warum?

Weil Galerien heute die abstrakte Kunst bekannter Künstler, an der ich auch interessiert bin, nicht mehr im Angebot haben. Das hat sich heute sehr auf Auktionen verlagert.

Haben Sie irgendwann auch angefangen, die Künstler selbst zu besuchen?

Mein erster Besuch galt K. O. Götz. Das muss Ende der Neunzigerjahre gewesen sein.

War er da schon blind?

Er sah sehr schlecht, aber blind war er zu diesem Zeitpunkt noch nicht. Er war ein hemdsärmeliger, echt guter Typ. Wir mochten uns. Ich habe ihn und seine Frau drei oder vier Mal besucht. Und einmal war er auch mit seiner Frau Rissa bei mir in meiner Firma in Limburg, weil er sich – er sprach ja mit einem Aachener Dialekt – »die Getriebchen« anschauen wollte, die Antriebe. Wobei das Anschauen wegen seiner schlechten Augen mehr ein Anfassen war.

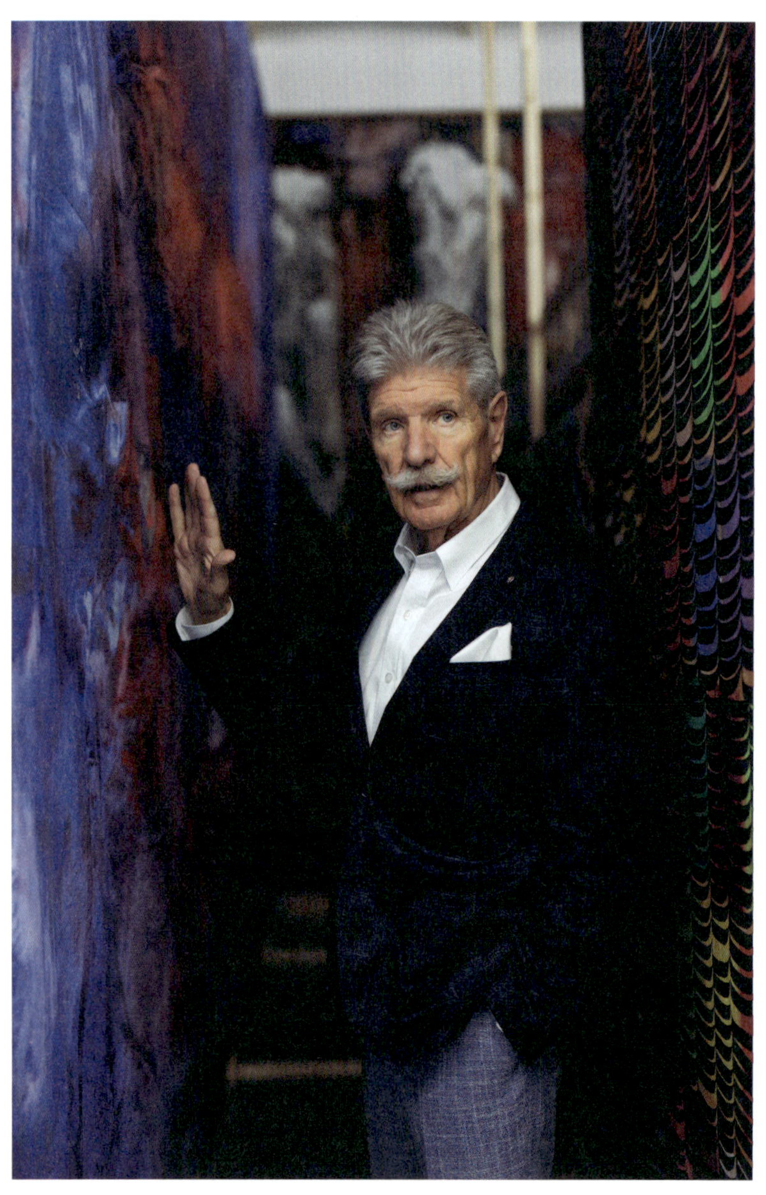

Unternehmer, Stifter und Museumsgründer Reinhard Ernst

Wann hat der Sammler Reinhard Ernst denn überhaupt sein erstes Bild gekauft?

Es muss Mitte der Achtzigerjahre gewesen sein. Es waren zwei Papierarbeiten, eine von Hubert Berke für zwanzig Mark, die andere von K. O. Götz für fünfzig.

Bis heute zwei Ihrer erklärten Lieblingsmaler.

Die Arbeit von Berke habe ich heute noch. Die Papierarbeit von Götz habe ich gegen ein Ölbild getauscht und noch hundertachtzig Mark draufgelegt. Das war mein erstes »richtiges« Bild von K. O. Götz.

Wie kam dieser erste Kauf zustande?

Abgekauft hatte ich die beiden Papierarbeiten einem Kölner Geschäftsmann. Der gestaltete sein Haus neu und seine Frau riet ihm, welche Kunst er verkaufen solle. Die beiden reagierten auf eine Anzeige, die ich in die Zeitung gesetzt hatte: »Suche Werke von Götz, Greis, Kreutz, Schultze«, also von der Künstlergruppe Quadriga. Ich fuhr nach Köln und kaufte für fünfzig Mark den Götz.

Extrem preiswert, oder?

Verschleudert. Das stellte ich aber auch erst später fest. Selbst heute halte ich K. O. Götz für total unterbewertet.

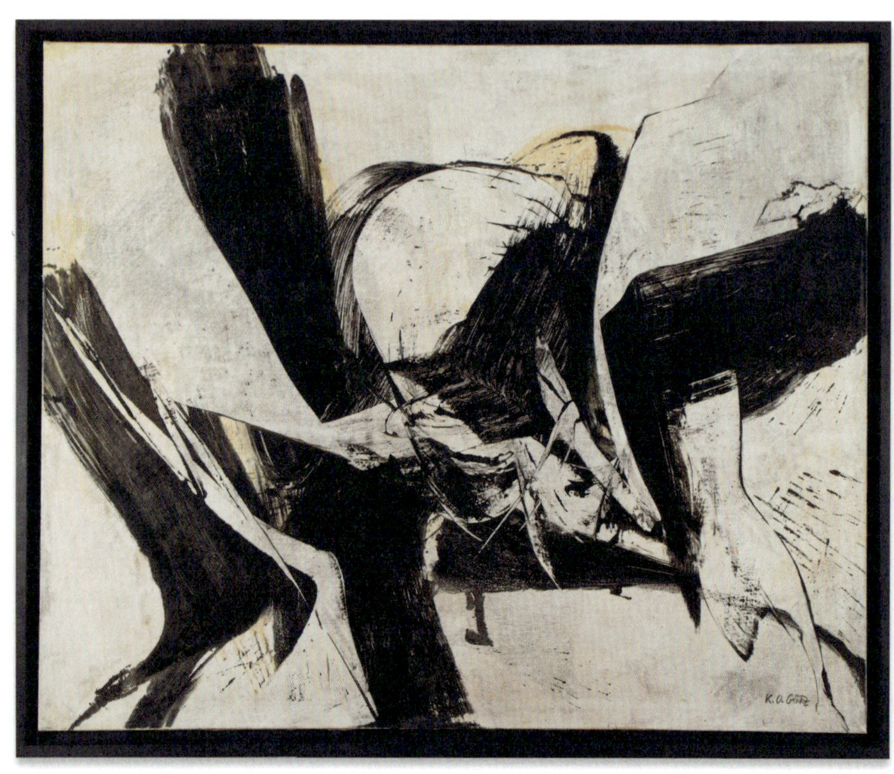

K. O. Götz, »Komposition 1955«, 1955

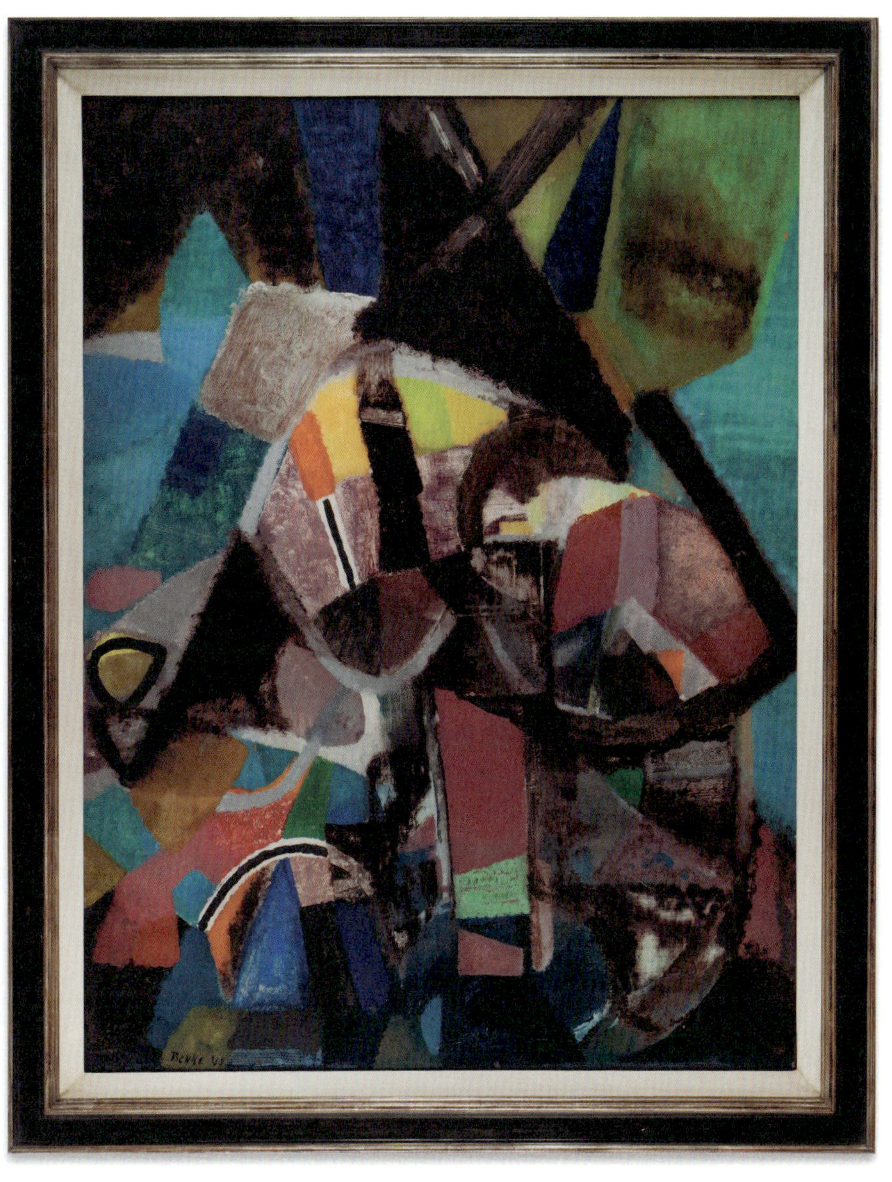

Hubert Berke, »Die Stunde des Pan«, 1949

War dieser Kauf die Initialzündung für ein Leben als Sammler?

Nein. Der Hauptgrund für Kunsterwerb war damals Dekoration. Von 1970 bis 1982 wohnten meine Frau und ich in Eppstein, im Stadtteil Bremthal. Dort hatten wir die Wohnung in meinem Elternhaus ausgebaut. Aber da sie uns nicht viel Platz bot, bauten wir unser eigenes Haus, ebenfalls in Bremthal. Dort gab es Wände, die nach Bildern verlangten. Ich kaufte also damals Kunst, um unser Haus zu verschönern. Nicht, um den Grundstein für eine Sammlung zu legen.

Und wie wird man vom Bilderfreund zum Sammler?

Man nimmt sich ja nicht vor, Sammler zu werden. Man stellt vielmehr irgendwann fest, dass man einer geworden ist.

Was unterscheidet den Kunstfreund vom Sammler?

Die Leidenschaft. Die man aber meist nicht von heute auf morgen entwickelt. Irgendwann kommt dann der Zeitpunkt, an dem man ein vernünftiges Maß an »Verwertbarkeit« überschreitet: Man sieht dann ein Bild, findet es toll, weiß zwar nicht, wo man es hinhängen könnte, kauft es aber dennoch.

Sind Sie ein langsamer oder schneller Käufer?

Ein schneller. Das gilt jedenfalls für das Urteil. Ausschlaggebend ist mein erster Eindruck. Ob mir das Bild gefällt oder nicht. Ich habe nie ein Bild gekauft, das mir nicht auf Anhieb gefiel. Reine Bauchentscheidung.

Aber Ihr Bauch hat, selbst wenn er es Ihnen nie erzählt hat, Qualitätskriterien.

Natürlich. Die kommen auch nicht von heute auf morgen.

Der Wunsch, Werke nach Sachgebieten, nach Künstlergruppen oder nach weiteren Unterscheidungsmerkmalen zu erwerben, stand damals noch nicht im Vordergrund?

In dieser Phase noch nicht. Ich ließ mich von Bildern begeistern und wenn ich das nötige Geld hatte, habe ich sie gekauft.

Sind Sie nicht überhaupt ein Sammler – gleichgültig, was es ist?

Nein. Ich habe zwar einmal Öfen gesammelt, das waren sicherlich an die vierzig, aber von denen habe ich mich, bis auf vier besonders schöne Exemplare, längst wieder getrennt. Nein, der Typ von Sammler, der um des Sammelns willen eine Kollektion gleich welcher Art zusammenträgt, bin ich nicht. Mir geht es schon um die Kunst. Nebenbei erwähnt: Einige dieser Öfen stellen ja eine echte Verbindung dar zwischen Handwerk und Kunst. Und damit sind wir wieder bei der Malerei.

Die zum Teil auch Handwerk ist.

Eben. Das habe ich bei K. O. Götz erleben dürfen. In Filmen habe ich gesehen, wie er im Sommer in kurzen Hosen bei dreißig Grad Celsius mit dem Farbbesen arbeitete, um Dynamik in die Komposition zu bringen, vier, fünf, zehn Mal. Dann war er nicht zufrieden. Die Leinwand, die ja teuer war, musste wieder gereinigt werden, es war körperliche Schwerarbeit.

War K. O. Götz der erste Maler, den Sie persönlich erlebten?

Ja, tatsächlich und darüber bin ich heute noch sehr froh. Er war für mich einer der großen europäischen Künstler.

Legten Sie es darauf an, Maler kennenzulernen?

Eher nicht. Es soll nicht unhöflich klingen, aber den Impuls verspürte ich nicht. Vielleicht auch, weil ich mich fragte: »Was sagen sie dir?« Ich wollte mich damit nicht auseinandersetzen.

Aber wie kam es dann dazu, dass Sie die Bekanntschaft mit K. O. Götz machten?

Das geschah über einen Freund. Rissa hatte von dem Kölner Unternehmer, der mir das Bild ihres Mannes für fünfzig Mark verkauft hatte, von mir erfahren. Sie meinte, ich hätte es dem Kölner »abgeknöpft«, was ich natürlich von mir wies. Jedenfalls fragte sie im Laufe des Telefonats, ob wir sie und ihren Mann nicht einmal besuchen wollen. Was ich dann gemeinsam mit meinem Freund tat. Wir fuhren an einem Samstag nach Wolfenacker im Norden von Rheinland-Pfalz. Rissa hatte einen köstlichen Kuchen gebacken, von dem ihr Mann bereits einiges vertilgt hatte, ehe der Kaffee auf dem Tisch stand. Es wurde ein wunderbarer Nachmittag. K. O. Götz war gesundheitlich schon angeschlagen, Rissa bemühte sich rührend um ihn. Er hat viel erzählt, auch von seinen Reisen nach Paris. Manchmal ist er mit dem Motorrad, im Beiwagen Heinz Kreutz, dorthin gefahren. Er hat uns erzählt, wen er alles gesehen hat in Paris, unter anderen meine Lieblingsmalerin Helen Frankenthaler – offenbar wohnten die Künstler in den Sechzigerjahren damals alle in demselben Pariser Viertel. Er berichtete, dass es dort jeden Abend ein Fest gab, sie haben es richtig krachen lassen.

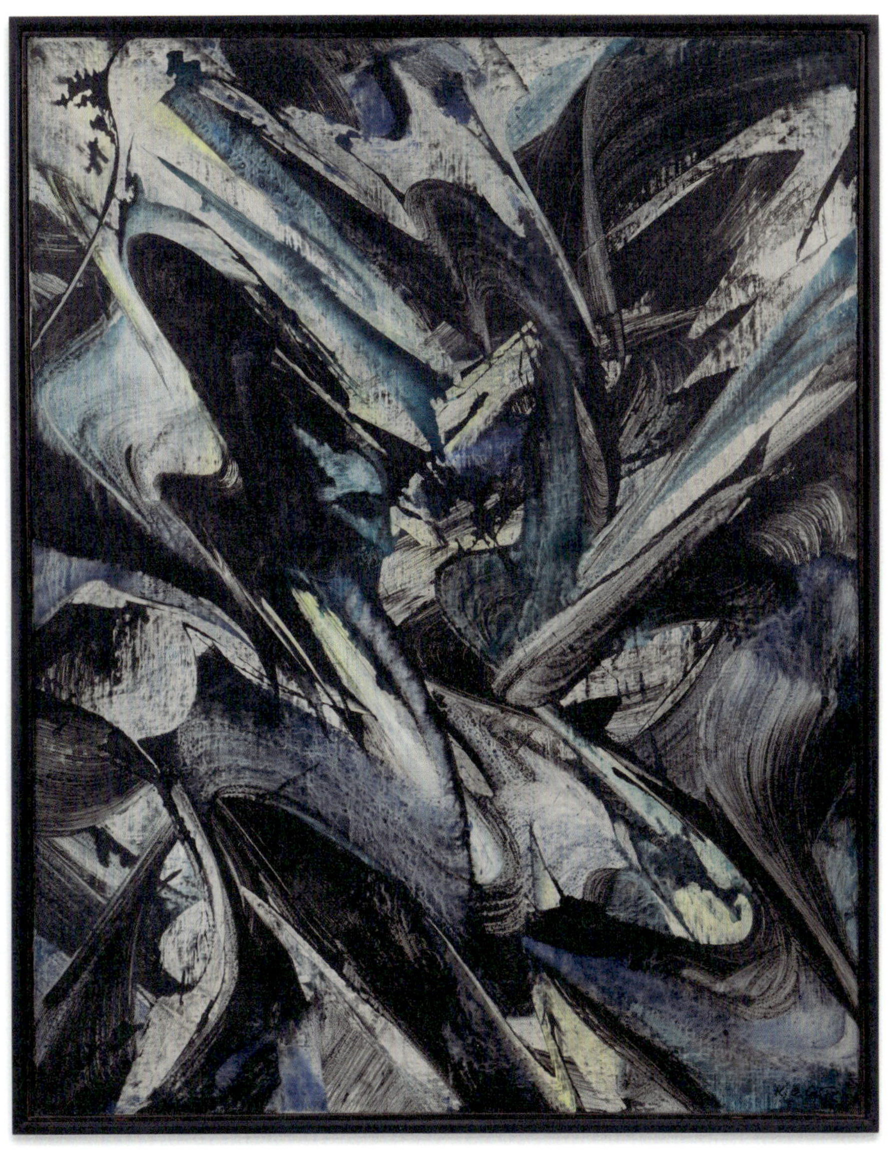

K. O. Götz, »10.5.1957 Brien-Elven«, 1957

Heute sind Sie ein Sammler mit einer stattlichen Kollektion von über neunhundertsechzig Werken, die Sie als museumsreif bezeichnen. Gab es einen Sammler als Vorbild? Hatte Sie jemals ein Sammler eingeladen, Ihnen seine Kollektion zu zeigen?

Sie fragten eben danach, ob ich ein Einzelgänger sei. Nein, bin ich nicht, weder privat noch unternehmerisch. Lediglich in der Kunst war ich immer ein Einzelgänger. Ich hatte nie die Chance, eine private Sammlung zu sehen. In meinem Freundeskreis sammelte niemand Kunst, sodass auch Fachsimpeleien bei einem Glas Wein oder am Kamin entfielen. Erst heute, nach so vielen Jahren, kenne ich einige Sammler.

Wie muss man sich denn das Wachsen der Sammlung Reinhard Ernst vorstellen? Alles beginnt Anfang der Achtzigerjahre, aber noch gar nicht in der Absicht einer Sammlung. Dann wächst das Volumen peu à peu, aber wann beginnt die exponentielle Beschleunigung?

Das kann ich recht genau sagen. Bis zum Jahr 2000 hatte ich überhaupt nicht die finanziellen Mittel für den Kauf von großer Kunst. Dazu muss ich erwähnen, dass ich erst in den Achtzigerjahren die Firma, die ich als Angestellter mitaufgebaut hatte, in Abschnitten gekauft habe. Bis zum Jahr 2000 war ich froh, dass ich das Wachstum finanzieren konnte, da ging es nicht vorrangig um Bilder. Alle Gewinne wurden reinvestiert. Mir selbst habe ich teilweise weniger gezahlt als leitenden Mitarbeitern. Erwarb ich ein Bild, kostete es damals höchstens fünftausend Mark, das war schon viel. Erst ab 2004, übrigens in dem Jahr, in dem meine Frau und ich unsere Stiftung gründeten, waren Mittel da, um großartige, oft auch teurere Werke zu kaufen.

Und dann begann ab 2004 die Phase, in der Sie so viele Bilder gekauft haben, dass Sie sie nicht mehr in Ihre Räume hängen konnten?

Es begann eine Zeit, in der Bilder im Keller standen und wir daheim »Wechselausstellungen« machten. Etwa ab dem Jahr 2000 konnte ich feststellen, dass ich nun wirklich Sammler geworden war, denn nun war die Zahl der Bilder im Keller doppelt so groß wie die an der Wand. Wir sind 2000 in unser neues Haus nach Wiesbaden gezogen. Und dort nahm auch meine Frau Einfluss auf die Auswahl und Hängung der Bilder. Sie sagte dann manchmal: »Ich habe da ein Bild im Lager gesehen, das viel schöner ist als das, was wir hängen haben.«

Sie hatten ein eigenes Depot?

Kurz vor dem Jahr 2000 habe ich mir zunächst einige Lager für meine Kunstwerke in meinen Firmen in Limburg eingerichtet. Dann habe ich etwa 2010 im Rahmen der baulichen Erweiterung eines meiner Unternehmen ein Depot mit optimalen Klimabedingungen gebaut. Es ist ein Vorzeigeobjekt geworden.

Ist abstrakte Kunst besonders empfindlich?

Unterschiedlich. Was auch damit zusammenhängt, dass die Werke meiner Kollektion alle nach 1945 entstanden sind. In den Fünfzigerjahren wurde viel mit neuen, hochwertigeren Farben gemalt, vor allem mit dem sehr widerstandsfähigen Acryl.

Wenn das Frankfurter Städel-Museum Bilder ausleiht, wird vertraglich genau festgelegt, mit wieviel Lux ein Bild angestrahlt werden darf.

Licht und Lichtschutz in Museen sind enorm wichtig, besonders Papierarbeiten verblassen schneller als zum Beispiel Acrylarbeiten auf Leinwand. In der Tat sind die Bedingungen für Leihgaben, wenn auch unterschiedlich, geregelt. Wenn ich ein Werk verleihe, wird ein Zustandsbericht angefertigt, dann wird ein weiterer Bericht bei der Ankunft der Leihgabe durch den Leihnehmer geschrieben. Zwei weitere folgen, nämlich wenn das Werk wieder an uns zurückgeht und wenn es bei uns ankommt – insgesamt also vier Zustandsberichte, bzw. vier Aufnahmen. Wegen dieses enormen Aufwands sind Museen vermehrt dazu übergegangen, Leihgebühren zu erheben.

Etwa ab dem Jahr 2000 wussten Sie, dass Sie zum Sammler geworden waren.

Ja, danach wurde es zur Leidenschaft.

Und kam dann nicht auch eine weitere Dimension des Sammelns hinzu, nämlich die Zuordnung, das Entdecken innerer kunstgeschichtlicher Zusammenhänge?

Absolut richtig. Erst habe ich Bilder gekauft wegen ihrer Schönheit oder Qualität. Je mehr ich aber erfuhr über die Künstler, deren Leben und Schaffensgeschichte, deren Lehrer und Mitstreiter, um so mehr entdeckte ich für mich diesen ganzen Kosmos der abstrakten Malerei. Ich begann, mir die Zusammenhänge systematisch zu erarbeiten, indem ich die Malerinnen und Maler Gruppen zuordnete, sofern dies möglich war. Die meisten von ihnen gehörten Künstlervereinigungen oder lockeren Zusammenschlüssen an. Ich las viel über diese Gruppen und ihre Ziele,

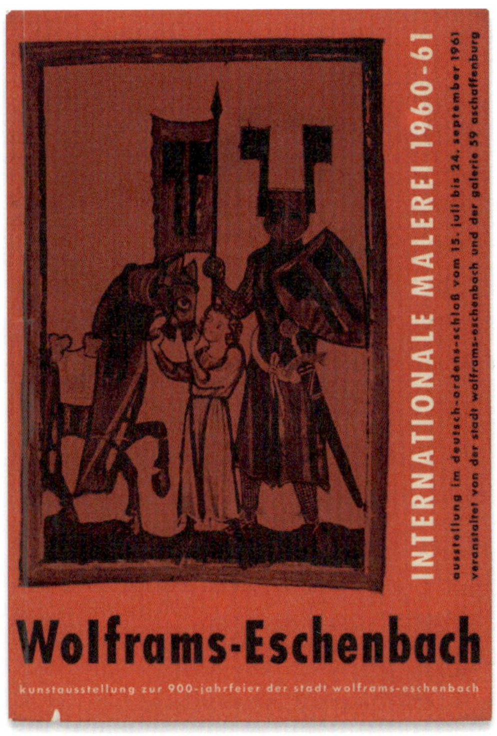

Ausstellungskatalog Wolframs-Eschenbach, 1961

wälzte Ausstellungskataloge. Ich lernte auch die Geschichte des deutschen Informel kennen, ich erfuhr von der ersten abstrakten Ausstellung 1957 in Wiesbaden oder 1961 in Wolframs-Eschenbach.

Was war da?

Wolframs-Eschenbach ist eine kleine Stadt in Mittelfranken. Ausgerechnet dort gab es 1961 eine Ausstellung aus Anlass des neunhundertjährigen Bestehens der Stadt, die in ihrer Qualität in Europa nicht zu toppen war. Wenn Sie heute den damaligen Ausstellungskatalog betrachten, liest er sich wie ein »Who's who« der Geschichte der abstrakten Malerei. Davon kann man heute nur träumen.

Ich lernte, dass es in Darmstadt 1991 eine Gutai-Ausstellung gab, die erste Präsentation in Deutschland mit Arbeiten der wichtigsten japanischen Nachkriegs-Kunstbewegung. Mein Weg als Sammler war gespickt mit solchen nachgeholten Erkenntnissen und Lernfortschritten.

Und Sie suchten mit wachsendem Wissen gezielt nach Objekten, um solche Künstlergruppen dann auch geballt in Ihrer Sammlung zueinander zu führen?

Genau. In meiner Sammlung sind heute wahrscheinlich alle Künstlergruppen versammelt, die nach dem Krieg in Deutschland auf dem Gebiet der abstrakten Malerei aktiv wurden: Quadriga, Zero, Zen 49, Junger Westen, Gruppe 53. Ich habe Jahre gebraucht, um Bilder zu kaufen, die einen inneren Zusammenhang bildeten. Die Gruppe 53 beispielsweise, die ihre erste Gemeinschaftsausstellung 1954 in der Düsseldorfer Kunsthalle veranstaltete, bestand aus etwa neun Künstlern. Sechs von ihnen sind mit besonders schönen Werken in meiner Sammlung vertreten: Peter Brüning, Karl Fred Dahmen, Fathwinter, Albert Fürst, Winfred Gaul und Gerhard Hoehme.

Und Sie haben praktisch eine Ausstellung nachgebaut.

Nachgebaut wäre zu viel gesagt. 1957 kam es im Museum Wiesbaden zur Ausstellung »couleur vivante – lebendige farbe« mit je acht französischen und deutschen Malern. Es war die erste Schau mit rein abstrakter Kunst nach dem Krieg in Deutschland. Einige der hier gezeigten Werke, die ich besonders schön finde, sind heute in meinem Besitz. Ich finde es sehr befriedigend, dass Bilder, die 1957 zur Avantgarde gehörten, heute im mre zu sehen sind, nur wenige Meter vom ursprünglichen Ausstellungsort entfernt.

Hat das Internet beim Herstellen von solchen Zusammenhängen eigentlich Ihre Arbeit als Sammler erleichtert?

Inhaltlich beeinflusst nicht, aber insofern erleichtert, als ich Auktionsergebnisse nachlesen kann. Ich bin im Übrigen nicht so digital orientiert. Ich bin jemand, der gern auf Papier liest, auch Zeitungen.

Welche?

Die Frankfurter Allgemeine, oft die Neue Zürcher Zeitung und den Wiesbadener Kurier, alle auf Papier.

Sammler leiden ja manchmal unter Kontrollverlust. Haben Sie irgendwann einmal ein Bild gekauft und dann ein schlechtes Gewissen bekommen?

Ja, einmal. Aber das hatte nichts mit Kontrollverlust zu tun.

Erzählen Sie!

Es war ein Baselitz, kein »richtig« abstraktes Bild. Es stellte ein Pferd auf dem Kopf dar. Eine befreundete Galeristin hatte finanzielle Probleme.

Sie fragte mich, ob ich ihr nicht den Baselitz abkaufen könne. Ich zahlte hundertfünfzigtausend Mark dafür, damals für mich sehr viel Geld. Ja, da hatte ich mir selbst gegenüber ein schlechtes Gewissen.

Warum?

Weil das Bild erstens so teuer war und weil es mir zweitens auch nicht sonderlich gefiel. Aber ich tat es eher aus Verbundenheit mit dieser Galeristin, die auch erleichtert war über den Verkauf und damit ihre finanziellen Probleme löste.

Was ist aus dem Bild geworden?

Ich habe es 2009 – also einige Jahre später – verkauft. Jemand von Christie's in London, den ich von den Auktionen kannte, sprach mich auf den Baselitz an. Ich schickte ihm ein Foto, er antwortete, er würde das Bild gern in die »Private Sales« aufnehmen. Ich stimmte zu, unter der Voraussetzung, dass das Bild zu meinem Festpreis verkauft würde. Langer Rede kurzer Sinn: Ich habe das Bild für das Mehrfache verkauft.

Sie waren dadurch unfreiwillig zum Spekulanten geworden. Haben Sie dann Geschmack an solchen Wertsteigerungen gefunden und sind in den Handel mit Bildern eingestiegen?

Nein, ich habe wenige Bilder verkauft. Natürlich verstehe ich diese Praxis. Es ist eine Art des Geldverdienens. Wie bei einer Aktie hofft man auf Wertsteigerung. Aber Bilder sind für mich etwas anderes. Nach meiner Überzeugung sollten Bilder von hoher Qualität der Allgemeinheit zugänglich sein. Zu dem Zeitpunkt, als das mre noch nicht im Bau war, wusste ich ja bereits, dass ein Drittel der Bilder, die bei uns zu Hause hingen und uns täglich erfreuten, ins Museum gehen würde. Das ist für mich und meine Frau ein schmerzlicher Gedanke, allerdings einer, der uns schnellen Trost versprach, denn wir können ja jeden Tag ins Museum gehen.

Für Sie ist heute Sammeln letztlich etwas Altruistisches?

Mein Kerngedanke lautet: Die Kunst gehört allen. Die Werke kann der Sammler ja gern besitzen, aber er sollte sie der Allgemeinheit zugänglich machen.

Wie alt ist denn dieses Prinzip bei Ihnen? Sie haben ja sicherlich nicht angefangen zu sammeln mit dem Gedanken an das Gemeinwohl.

Das ist so. Bei mir habe ich diese Denkweise wahrscheinlich festgestellt, als ich darüber nachdachte, wer die Sammlung nach unserem Tod bekommen sollte.

Und dann?

Dann habe ich Kontakt aufgenommen mit Museen. Ich sprach hier am Museum Wiesbaden mit dem damaligen Direktor Volker Rattemeyer, zu dem ich heute noch guten Kontakt habe. Auch bei Max Hollein habe ich eruiert, ob das Frankfurter Städel-Museum vielleicht Platz für meine Sammlung hätte. Was ich mindestens erwartet hätte, wäre, dass die Teile der Sammlung, die kunsthistorische Zusammenhänge abbilden, auch gemeinsam gezeigt würden. Meine Sammlung ist ja nicht blind zusammengewürfelt, sondern sie hat viele Zusammenhänge.

Also zum Beispiel die Bilder der japanischen Gutai-Gruppe oder die amerikanischen Bilder oder das deutsche Informel mit seinen verschiedenen Gruppierungen.

Aber eine solche geschlossene Präsentation konnte keines der Museen zusagen. Das verstehe ich auch. Die komplette Sammlung irgendwo unterzubringen, wäre auch an Depotkapazitäten gescheitert. Aber noch nicht einmal die Präsentation zusammengehöriger Teile der Kollektion wäre zu verwirklichen gewesen. Mir war schnell klar: Wenn ich meine Sammlung einem Museum überlassen hätte, wäre der größte Teil im Lager verschwunden und das wollte ich nicht. Das Optimum wäre vielleicht gewesen, dass ein renommiertes Museum zehn besondere »Rosinenstücke« aus meiner Sammlung präsentiert hätte, aber das war mir zu wenig. Und deshalb reifte dann so allmählich der Gedanke an ein eigenes Museum heran.

Gab diese Vorstellung eines eigenen Museums der Sammlung nochmal einen Schub?

Natürlich. Oder anders gesagt: Es wäre sinnlos gewesen, weiter zu sammeln ohne die Perspektive, die Werke einmal zeigen zu können. Je älter ich wurde, desto stärker wurde in mir der Wunsch, das, was ich da zusammengetragen hatte, der Mitwelt zugänglich zu machen, zumindest anzubieten. Ob sie das Angebot annimmt, steht auf einem anderen Blatt.

Ist die Sammlung Ernst jetzt eigentlich komplett?

Eine Sammlung ist nie komplett. Man besitzt von einem Künstler ja immer nur einen ganz kleinen Teil seines Werks. Und jeder Maler hat oft noch eine Arbeit, die einem viel besser gefällt als die, welche man schon hat. Bei Helen Frankenthaler passiert mir das ja bis heute, obwohl ich mittlerweile über vierzig Bilder von ihr besitze.

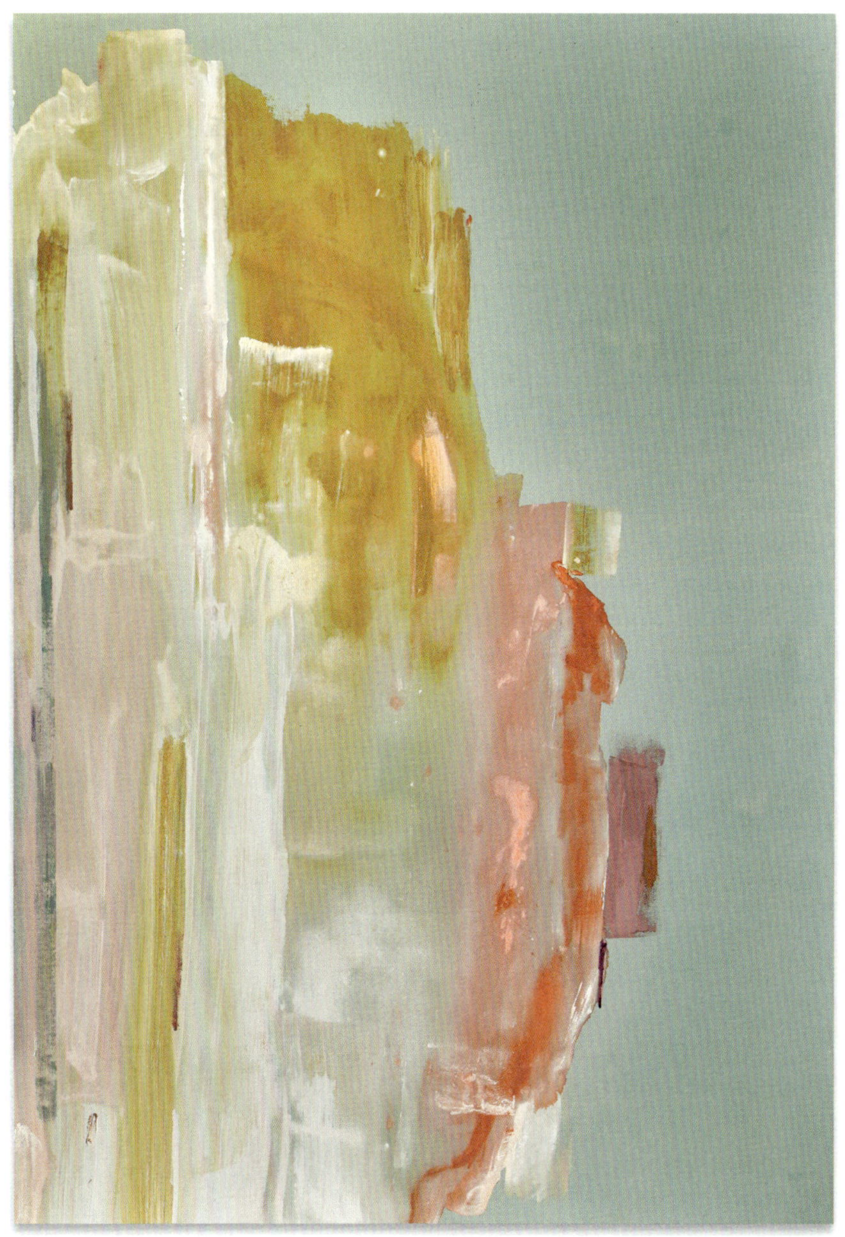

Helen Frankenthaler, »Sea Level«, 1976

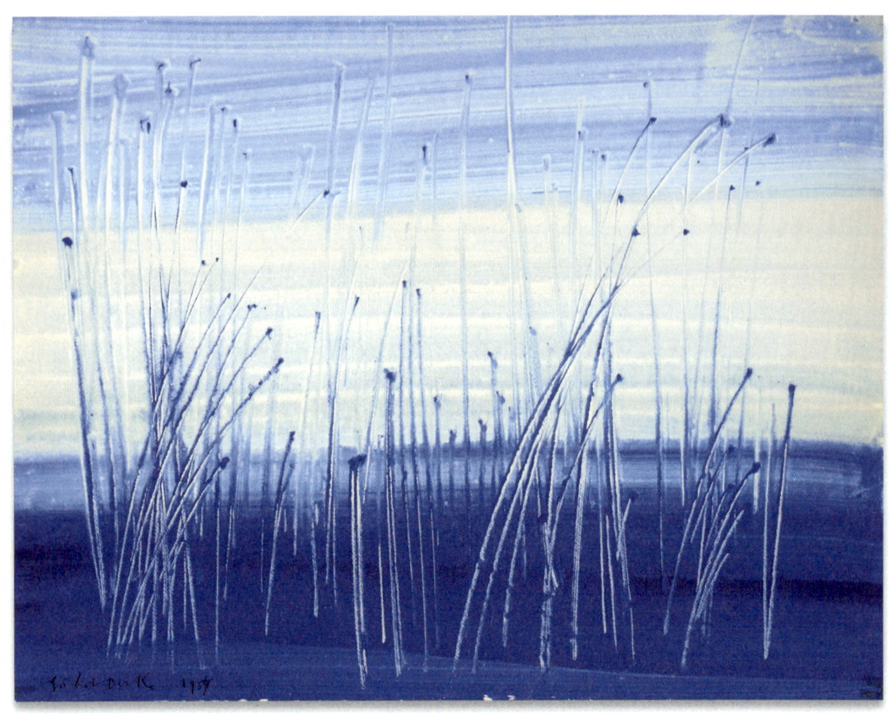

Hubert Berke, »o.T.«, 1954

Wie groß darf man sich die Sammlung Reinhard Ernst heute insgesamt vorstellen?

Die Zahl der Werke beträgt über tausend. Zudem habe ich weitere Bilder, die nicht in der Sammlung gelistet sind. Das sind häufig Papierarbeiten und ich bin nicht unbedingt ein Fan von Papier, ich ziehe Leinwand vor. Aber auch dabei muss man differenzieren. Ich habe zum Beispiel einige wunderbare Papierarbeiten von Hubert Berke, die zählen zur ersten Liga. Und eben andere, die nicht so toll sind.

Warum haben Sie die dann gekauft?

Sie sind mir geschenkt worden.

Letzte Frage in diesem Kapitel: Haben Sie je versucht, selbst zu malen?

Ja, das habe ich. Aber ich habe es genauso schnell wieder aufgegeben. Ich kaufte mir Farbe und zwei Leinwände, habe aber gemerkt, dass ich nicht umsetzen konnte, was ich im Kopf hatte. Und das, obwohl ich handwerklich nicht unbegabt bin und auch glaube, kreativ zu sein. Durch mein »Scheitern« ist die Achtung vor den Künstlern natürlich noch gewachsen.

KAPITEL ZWEI

»Es hätte wunderbar gepasst.«

Wie die Sammlung entstand,
Preise und Auktionen, Glück am Telefon,
Favoriten, Auswüchse und Handschrift

Haben Sie eigentlich von Anfang an eine Liste über Ihre Erwerbungen geführt?

Nein, ich begann damit etwa im Jahr 2000, indem ich mir eine preiswerte Software zulegte. Die führte ich dann selbst, beziehungsweise meine Sekretärin. Vor einiger Zeit aber, im Jahr 2019, haben wir uns für eine professionelle Softwarelösung entschieden. Von jedem Bild sind alle Details festgehalten: Titel des Werks, Urheber, Maße in der Folge von Höhe und Breite, Provenienz, Fotos, Zustandsberichte, Ausstellungshistorie und Inventarnummer. Überdies haben wir für den Band »Faszination Farbe« jeweils eine Kurzbiografie der Künstlerinnen und Künstler, Literaturhinweise und, so vorhanden, Hinweise auf das jeweilige Werkverzeichnis aufgenommen. In manchen Fällen gibt es auch Fotos der Künstler mit ihren Werken. Erst kürzlich fielen mir wieder Aufnahmen in die Hand, die Helen Frankenthaler neben einem ihrer Werke zeigen, das sich in unserer Sammlung befindet. Solche Dokumente nehmen wir dankbar in unsere Datenbank auf.

Was bedeuten denn bei den Inventarnummern die Buchstaben?
Da heißt es zum Beispiel A 252 oder B 297 oder S 004.

Die Sammlung gehört drei Eigentümern, der Stiftung mit dem Buchstaben S, der Privatperson Reinhard Ernst – dafür steht das A – und drittens meiner Firma, der Interglobal Industrieholding GmbH, für die der Buchstabe B das Kennzeichen ist.

Die Werke, die Ihrem Unternehmen gehören, haben Sie steuerlich abgeschrieben?

Nein, das habe ich nicht. Ich habe sie auch gekauft, um sie später wieder verkaufen zu können.

Könnten Sie, wenn Sie Ihren Katalog durchblättern,
einen Blick in Ihr Depot werfen oder einen Gang durch Ihr Museum machen,
bei jedem Werk dessen Erwerbsgeschichte aus der Erinnerung abrufen?

Bei den allermeisten. Bei den dreiundvierzig Bildern von Helen Frankenthaler könnte ich es ohne Ausnahme. Ich kann mich auch an viele Auktionen erinnern und sie einzelnen Bildern zuordnen und umgekehrt. Vielleicht sind unter den über neunhundertsechzig Bildern gerade einmal zwanzig, bei denen ich mir nicht hundertprozentig sicher bin. Das dürfte vor allem bei den Werken der Fall sein, die mir nicht so viel bedeuten.

Erinnern Sie sich auch an die Preise?

Auf jeden Fall ungefähr. Ich mache das zum Teil auch an den Jahreszahlen fest. Die ersten Frankenthaler-Gemälde lagen, als ich sie kaufte, bei einem Drittel dessen, was sie heute kosten.

Sie werden aber exakt wissen,
welches das teuerste Bild Ihrer Sammlung ist, oder?

Ja, das weiß ich. Ein Motherwell. Im Dezember 2020 habe ich nach langen Verhandlungen gesagt: »Ich kaufe ihn. Aber erst im Januar.« Das ist ein großer Motherwell, 1,83 Meter hoch und 5,49 Meter breit. Er hing bei General Motors im Empfang, einst in Auftrag gegeben von Jack Welch.

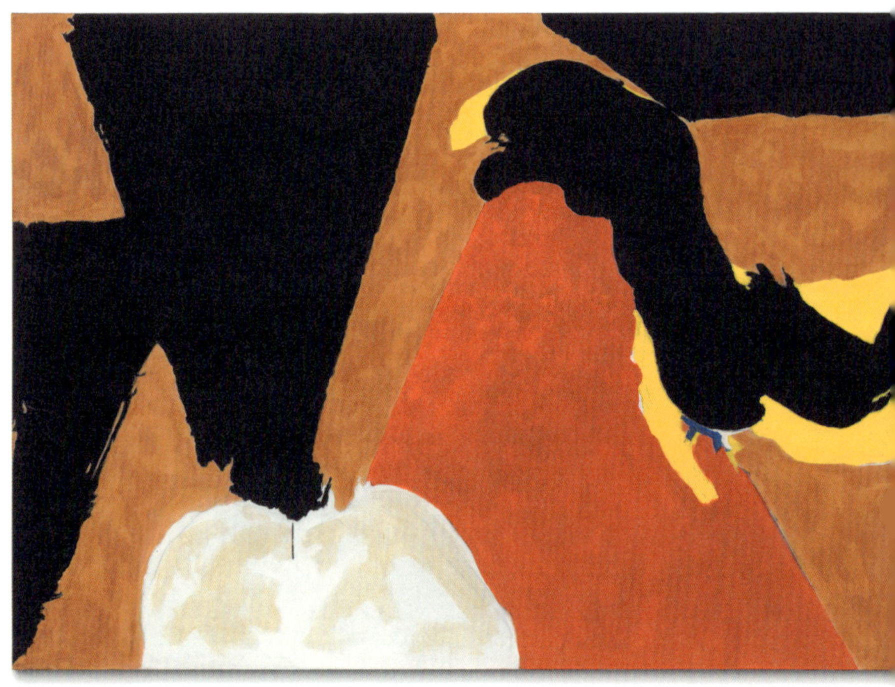

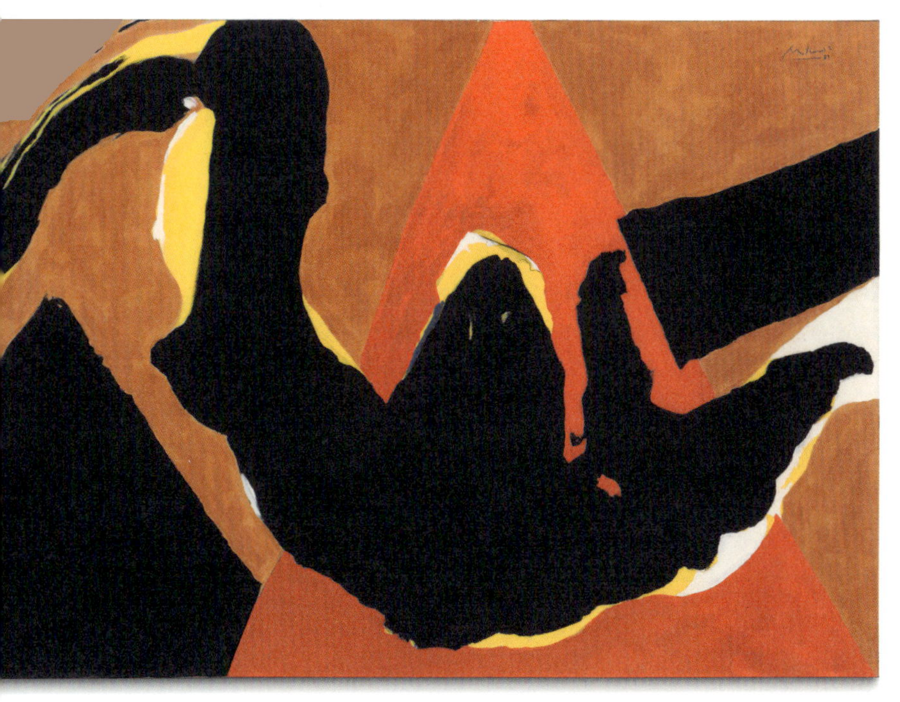

Robert Motherwell, »*Arabesque*« 1989

Der von 1981 bis 2001 CEO von General Electric war.

Genau. Es handelte sich um die größte Auftragsarbeit, die Motherwell je bekommen hat – eine Million Dollar.

Und Sie haben dafür wieviel gezahlt?

Mehr als 2 Millionen Euro.

Ist es das Wertvollste?

Das kann man so genau nie bestimmen, wenn man es nicht verkauft oder in eine Auktion gegeben hat. Wertvolle Bilder in meiner Sammlung über anderthalb bis zwei Millionen Euro gibt es inzwischen einige. Wertvoll ist natürlich ein doppeldeutiger Begriff.

Dann sagen Sie uns doch bitte,
welches Bild Ihnen persönlich besonders wertvoll ist.

Da würde ich »Zarathustra« nennen, von meiner Lieblingsmalerin Helen Frankenthaler. Ich mag alle ihre Bilder, sonst hätte ich ja nicht die besagten dreiundvierzig davon. Aber dieses ist besonders ungewöhnlich und ausdrucksvoll. Ein wunderbares Bild mit leuchtenden Farben. Einfach einmalig.

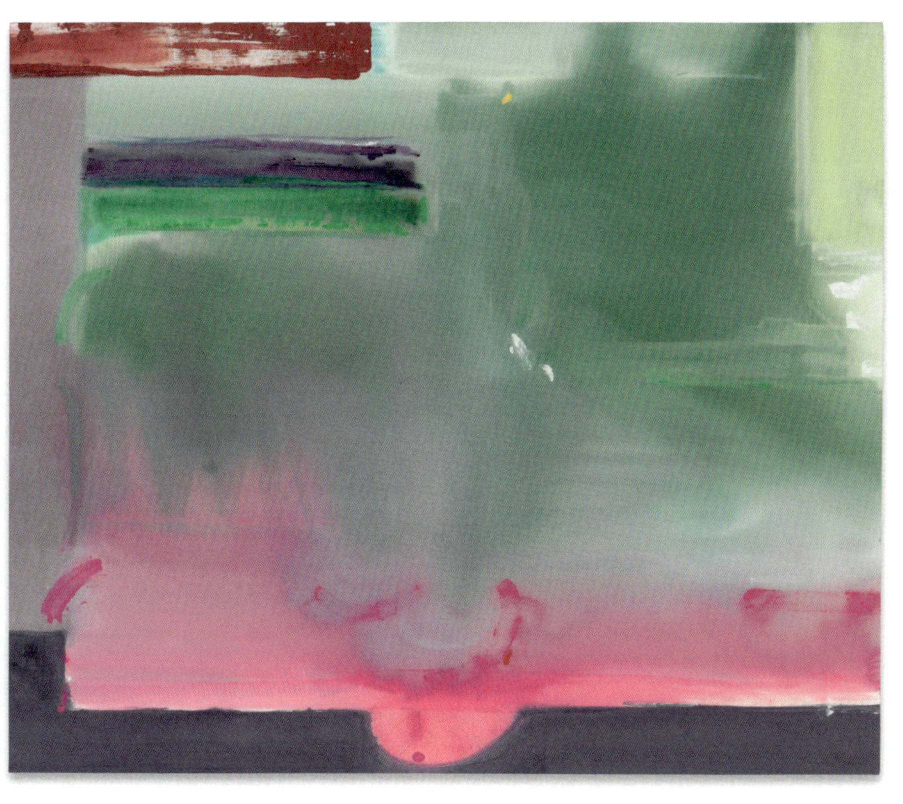

Helen Frankenthaler, »Zarathustra«, 1988

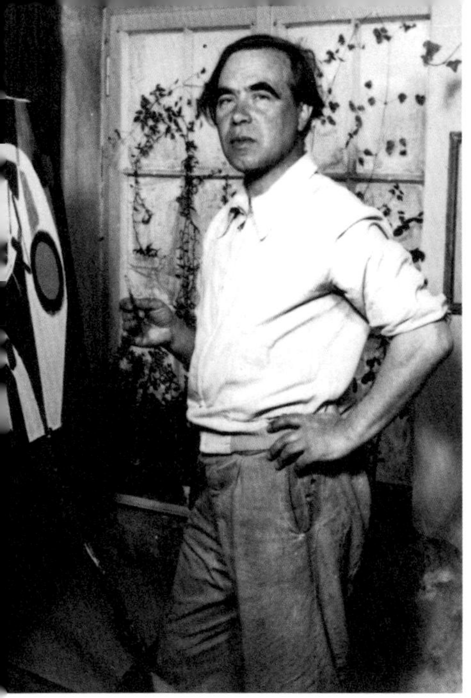

Hubert Berke

Haben Sie auch gezielt aus Nachlässen gekauft oder Schenkungen bekommen?

Nein, aus Nachlässen habe ich nicht gekauft, aber Schenkungen habe ich erhalten. Mich verbindet eine gute Beziehung mit der Familie von Hubert Berke, ihn selbst habe ich leider nie kennengelernt. Die Familie Berke – seine Tochter Eva Ohlow ist ebenfalls Künstlerin – hat mir einige Bilder von ihm geschenkt, in dem Wissen, dass ich sie eines Tages in meinem Museum zeigen würde.

Eine der jüngsten Schenkungen ist eine Komposition von 1958 des frühen Abstrakten Alfons Klühspies. Der Nachlass dieses Würzburger Künstlers wird seit seinem Tod 1975 in Wiesbaden von seiner Tochter verwaltet. Sie sprach mich auf das Werk ihres Vaters an, als sie von meinem Plänen für das Museum erfuhr.

Vergeben Sie auch Bilder als Leihgaben?

Ja, schon immer, allerdings haben die Anfragen deutlich zugenommen, seit 2019 der Sammlungsband »Faszination Farbe« herauskam. Durch das Buch ist die Sammlung sehr viel bekannter geworden. Zuvor hatten unsere Werke ja nur Besucher und Gäste in meinen Firmen und im Privathaus zu sehen bekommen. Auch das nächste Buch über den amerikanischen Expressionismus mit dem Titel »Abstrakter Expressionismus – und mehr. Amerikanische Malerei in der Sammlung Reinhard Ernst« mit ungefähr hundertzwanzig Bildern aus meiner Sammlung von US-Malerinnen und US-Malern wird für eine verstärkte Nachfrage sorgen, vor allem natürlich aus den Vereinigten Staaten.

Wer ist der Herausgeber dieser beiden Bücher und wer hat die Arbeit gemacht?

Herausgegeben wurden sie von der Reinhard & Sonja Ernst-Stiftung. Konzipiert wurden sie von dem Kunsthistoriker Prof. Dr. Christoph Zuschlag. Er hatte lange eine Professur für Kunstgeschichte an der Universität Koblenz-Landau inne und ist derzeit Professor für Kunstgeschichte der Moderne und der Gegenwart an der Universität Bonn im Bereich der Provenienzforschung. Geschrieben haben die Beiträge in den beiden Büchern, die sich gleichermaßen an die Fachwelt wie an interessierte Laien wenden, Christoph Zuschlag und die Kunsthistorikerin Dr. Kirsten Maria Limberg. Carolin Langer, in »Faszination Farbe« durch den Beitrag über die Gutai-Gruppe vertreten, arbeitet seit 2016 für uns und betreut seit 2019 als wissenschaftliche Mitarbeiterin die Kunstsammlung und die Projekte rund um das Museum, dessen Mitarbeiterin sie mittlerweile geworden ist. Sie wird auch in dem neuen Band mit einem Artikel über Emilio Vedova vertreten sein.

Warum sprechen Sie von amerikanischem Expressionismus? Denkt man beim Stichwort »Expressionismus« nicht automatisch an Heckel, Nolde, Kirchner, Klee?

Nein, der Abstrakte Expressionismus bezeichnet die Phase abstrakter nordamerikanischer Malerei, die wir auch mit Action Painting und der Farbfeldmalerei verbinden. Die Phase ist bekannt als »American Expressionism« oder »Abstract Expressionism«. Übrigens haben wir beide Bände auch in englischer Sprache herausgebracht. Vier Wochen, nachdem

»Faszination Farbe« auf Englisch erschienen war, sah ich ein Exemplar davon im Museums-Shop des MoMA in New York. Was mir bewies, wie international der Vertrieb des Hirmer-Verlages aufgestellt ist.

Von welcher Zeit reden wir beim American Expressionism?

Im Wesentlichen beginnend etwa Anfang der Vierziger, in den Ausläufern bis in die frühen Sechziger. Vertreter sind Jackson Pollock, Robert Motherwell, Mark Rothko, Hans Hofmann, Willem de Kooning, nicht zuletzt Helen Frankenthaler und noch viele andere.

Fünf von den Genannten sind auch in Ihrer Sammlung vertreten, nämlich neben Frankenthaler auch Pollock, Motherwell, Hofmann und de Kooning. Diese Sammlung weist neben vielen anderen Merkmalen noch zwei Besonderheiten auf: Es sind darin besonders viele Bilder von Frauen vorhanden und gleichfalls von vielen Künstler-Ehepaaren. Welche Absicht steckte dahinter?

Gar keine. Ich kann mir das nur durch das »Ordnungsprinzip Zufall« erklären. Und natürlich durch das Auswahlprinzip »Qualität«. Aber ich muss Ihre Wahrnehmung korrigieren. Ihr Eindruck, es seien in der Sammlung Reinhard Ernst viele Frauen vertreten, war lange auch mein eigener. Das habe ich überprüfen lassen. Ergebnis: Dem ist gar nicht so. Es sind nur knapp zehn Prozent. Ich hätte mit viel mehr gerechnet. Woran liegt das? Es liegt einfach daran, dass die Bilder von Malerinnen in meiner Sammlung so besonders gut sind, im wahrsten Sinne herausragend: Helen Frankenthaler, Lee Krasner und Perle Fine, um nur von den Amerikanerinnen zu sprechen, das sind großartige Künstlerinnen, die in meiner Sammlung eine wichtige Rolle spielen.

Und die Ehepaare?

Es sind sicherlich etwa zwanzig Paare, bei denen ich von beiden Partnern ein Bild besitze. Ebenfalls Zufall. Manche Paare waren, als ich die Bilder kaufte, ja auch gar nicht mehr zusammen. Oder einer der beiden Partner war bereits gestorben. Manchmal wusste ich beim Kauf eines Bildes gar nicht, dass bestimmte Künstler ein Paar waren.

Können Sie erkennen, ob ein Bild von einer Frau oder einem Mann gemalt wurde?

Nein. Das wäre ja auch schlimm. Hans Hofmann, Jahrgang 1889, der in die USA emigrierte und dort eine eigene Kunstschule gründete, soll angesichts eines Bildes seiner Schülerin Lee Krasner gesagt haben: »Das Bild ist so gut, das könnte ein Mann gemalt haben.« Der Ausspruch belegt die damalige Denkart. Die hat sich heute glücklicherweise geändert. Nein, es gibt kein weibliches oder männliches Malen.

Wie Sie ja auch Bilder nur dann kaufen, wenn sie Ihnen spontan gefallen und Sie sofort von deren Qualität überzeugt sind.

Ja.

Aber wie passt das dazu, dass Sie im Zuge der Verfeinerung Ihrer Sammeltätigkeit Werke erwerben, die zueinander passen, die miteinander korrespondieren, die gemeinsam auf einer historischen Ausstellung gezeigt worden waren oder die eine Künstlergruppe vollständig repräsentieren sollten?

Ich wollte diese Bezüge in meiner Sammlung abbilden. Ich suchte also, wenn Sie so wollen, Namen. Aber auch dabei kaufte ich nie Werke, die mir nicht zusagten, nur weil sie in die Sammlung gepasst hätten. Nein, ich war manchmal jahrelang auf der Suche nach einem Werk, das sowohl »passte«, also eine Lücke füllte, als auch mir gefiel. Es hat beispielsweise sehr lange gedauert, bis Junger Westen oder die Gruppe 53 komplettiert waren. Sie gehörten neben Zen 49 und der Quadriga zu den Keimzellen der informellen Malerei in Deutschland.

Sie stehen zu Ihrem Bauchgefühl bei der Auswahl eines Bildes?

Absolut. Wobei dieses Bauchgefühl, das beim ersten Eindruck entsteht, sich natürlich verändert im Laufe eines Sammlerlebens. Es verfeinert sich durch Kenntnis und Erfahrung. Aber das Bild wird mir immer gefallen müssen!

Grob gesagt besteht die Sammlung Ernst aus einem amerikanischen, einem japanischen und einem europäischen Teil mit den Schwerpunkten Deutschland und Frankreich. Erst nach und nach entdeckten Sie, dass es trotz dieser geografischen Entfernung dennoch überraschende innere Zusammenhänge gibt.

Um den Zusammenhang zwischen dem japanischen und dem europäischen Informel zu erkennen, gibt es einen Schlüssel: Paris. Die französische Hauptstadt war in den Fünfzigerjahren die Welthauptstadt der Kunst. Alle großen Vertreter der japanischen informellen Malerei zog es damals in die Seine-Metropole. Umgekehrt organisierten Franzosen wie Georges Mathieu, der sich unter anderem von fernöstlicher Kalligrafie inspirieren ließ, Ausstellungen in Japan.

Erkennen Sie Werke, die von einem japanischen Maler stammen?

Nur zum Teil und wenn, dann liegt das an Schriftzeichen oder kalligrafischen Elementen. Einen Shiraga erkennen Sie sofort, wegen seines unverwechselbaren Stils.

Die Japaner haben sich phasenweise sehr stark im »Actionpainting« eingebracht, haben Malerei als öffentliche Inszenierungen zelebriert. Wie schwierig ist es, solche Werke zu zeigen, die aus einer Performance entstanden sind, ohne dass Sie anhand von Fotos oder Filmen den Herstellungsvorgang abbilden können?

Ich finde es nicht tragisch, wenn man diesen Entstehungsprozess nicht zeigen kann. Das können wir bei anderen Bildern auch nicht. Nehmen wir als Beispiel das Bild von Georges Mathieu mit dem Titel »La Mort du Connétable de Bourbon« von 1959. Ich weiß nicht genau, wie dieses Bild entstand, aber von Mathieu ist bekannt, dass er vor tausenden von Zuschauern im Freien riesige Leinwände bemalt hat. Es wäre durchaus reizvoll, im Museum einen solchen Entstehungsprozess im Film zu präsentieren, aber letztlich kommt es mir nur auf das Ergebnis an, auf das Kunstwerk, dessen Produktionsprozess für mich nachrangig ist. Aber nicht, dass wir uns missverstehen: Filmische Dokumente sind natürlich museumspädagogisch eine wunderbare Ergänzung.

Sie haben den Entstehungsprozess der Skulptur genau erfassen lassen, die Sie bei Tony Cragg für Ihr Museum in Auftrag gaben. Sagen Sie bitte, was es mit dieser Skulptur auf sich hat.

Seit langem habe ich das Schaffen des Briten Sir Tony Cragg – einer der bedeutendsten Bildhauer unserer Zeit – beobachtet. Als wir uns in die Architektur unseres Museums hineindachten, planten wir eine geschossübergreifende Nische für eine große Skulptur: ein Fall für Tony Cragg. Wir haben den Meister in Wuppertal besucht und wurden uns schnell einig. Tony Cragg ist nicht nur ein großer Künstler, sondern auch ein sympathischer Mensch. Das Original dieser Auftragsarbeit wurde aus Bronze gegossen, das originalgetreue Modell aus Polystyrol-Glasfaser.

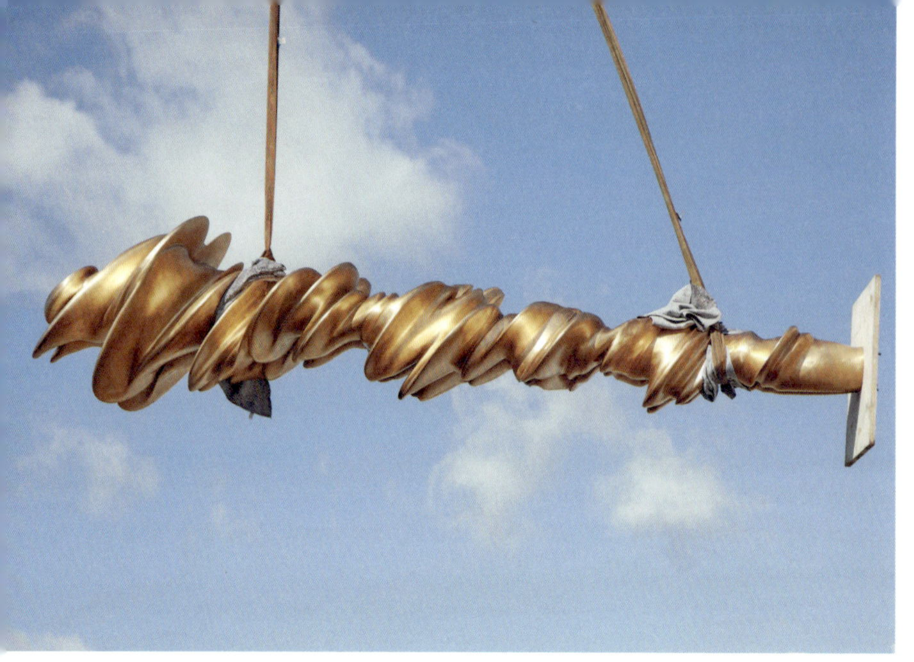

»Pair« von Tony Cragg wird am 7. Mai 2021 ins mre eingebracht.

Die beiden über sechs Meter hohen Skulpturen bestehen aus vielen Einzelteilen. In der Düsseldorfer Kunstgießerei Kayser wurden die Abdrücke genommen und in diese Formen wurde die Bronze bei tausenddreihundert Grad gegossen. Ich habe, zeitweise zusammen mit meiner Frau, den Entstehungsprozess dieser Arbeit, die ja nicht nur eine künstlerische, sondern auch eine handwerklich-industrielle und logistische Herausforderung war, intensiv begleitet mit Besuchen in Tony Craggs Atelier und in der Kunstgießerei. Im Mai 2021 wurden die beiden Teile der Skulptur mit dem Schwertransporter geliefert und schwebten ins Museum. Dies musste vor dem Gießen der letzten Betondecken geschehen.

Unfallfrei, was man nicht von jeder Skulptur behaupten kann.

Oh ja. Im Oktober 2020 – wenige Tage vor einer Auktion von Sotheby's London – entdeckte ich im Auktionskatalog, dass eine Skulptur von Eduardo Chillida versteigert werden sollte. Auf dem Foto erkannte ich sofort »Buscando la luz III« wieder – ein Werk, das ich im Skulpturenpark Museo Chillida-Leku in Hernani bei San Sebastián fotografiert hatte! Ich wusste: Das war meine Chance, einen Chillida für unser Museum zu erwerben. Der aufgerufene Preis schien mir zwar hoch, aber in Anbetracht der aktuellen Werte von Chillidas Skulpturen auf dem Kunstmarkt durchaus gerechtfertigt. Ich hatte Erfolg: An diesem Abend gab es keinen Liebhaber, der mehr als ich für das knapp neun Tonnen schwere, dreiteilige Kunstwerk aus Corten-Stahl ausgeben wollte. Aber dann verließ uns das Glück. Beim Verladen in London wurde die Skulptur beschädigt. Paletten brachen durch, ein Skulpturteil fiel vom Gabelstapler auf ein anderes. Ein Versicherungsfall. Durch den Brexit befand sich der Lkw auf dem Weg nach Deutschland lange im Stau. In Duisburg nahmen sich Experten der Werkstatt »Die Schmiede« des Werkes an. Im Museum steht sie seit dem 15. September 2022 an einem exponierten Platz: im gläsernen Atrium.

Nächste Doppelseite: Eduardo Chillida, »Buscando la luz III« (»Looking for the light III«), 2000

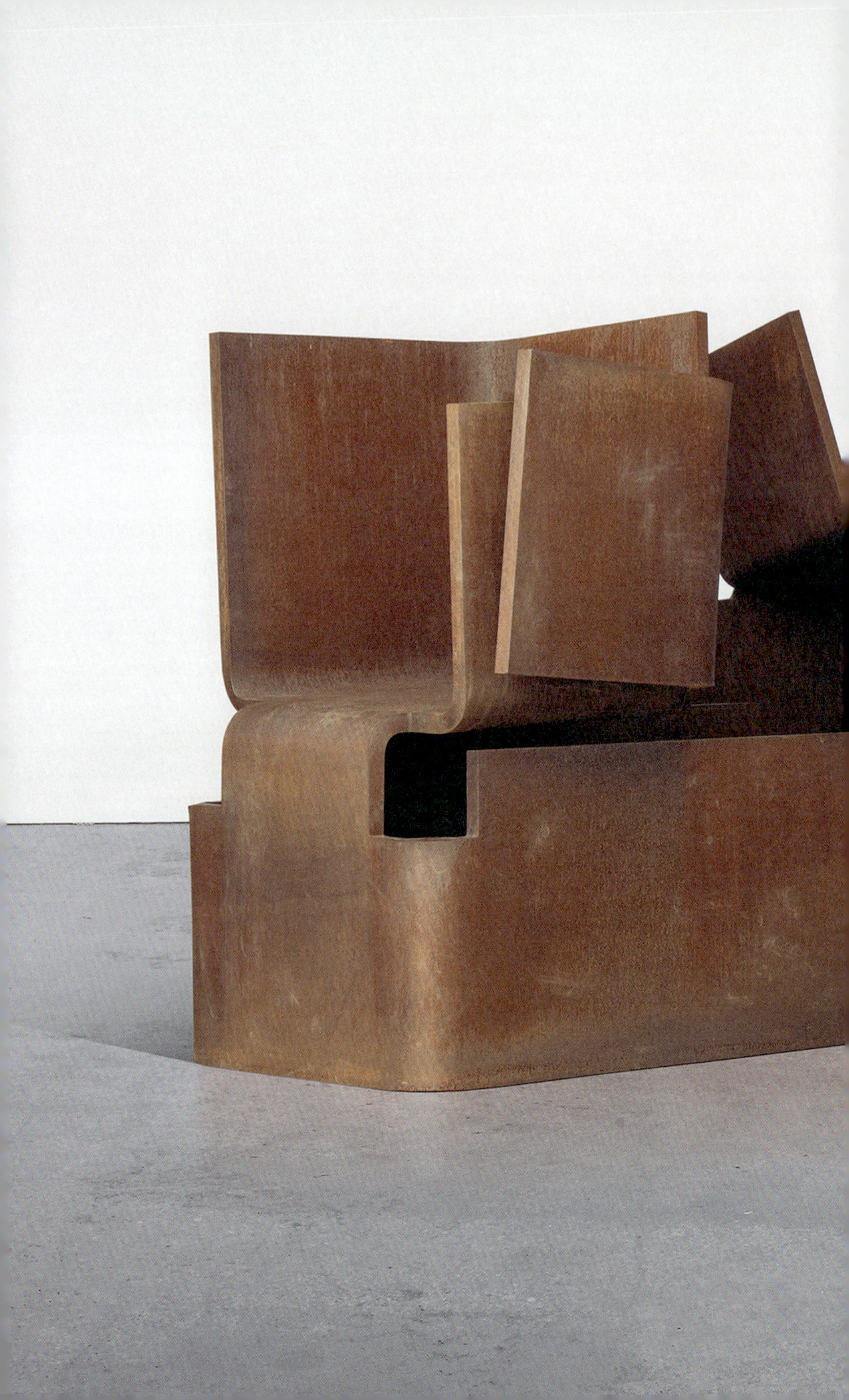

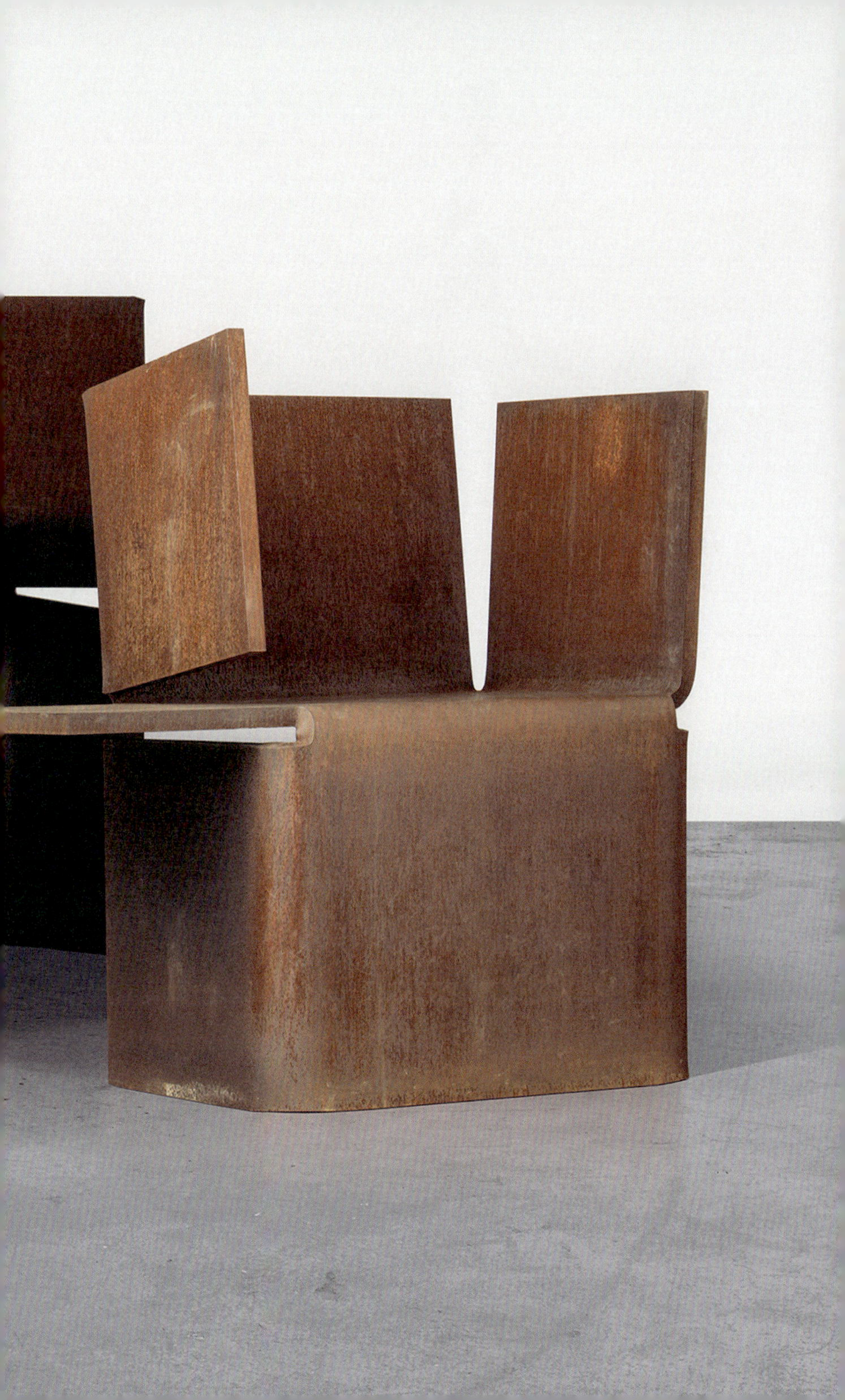

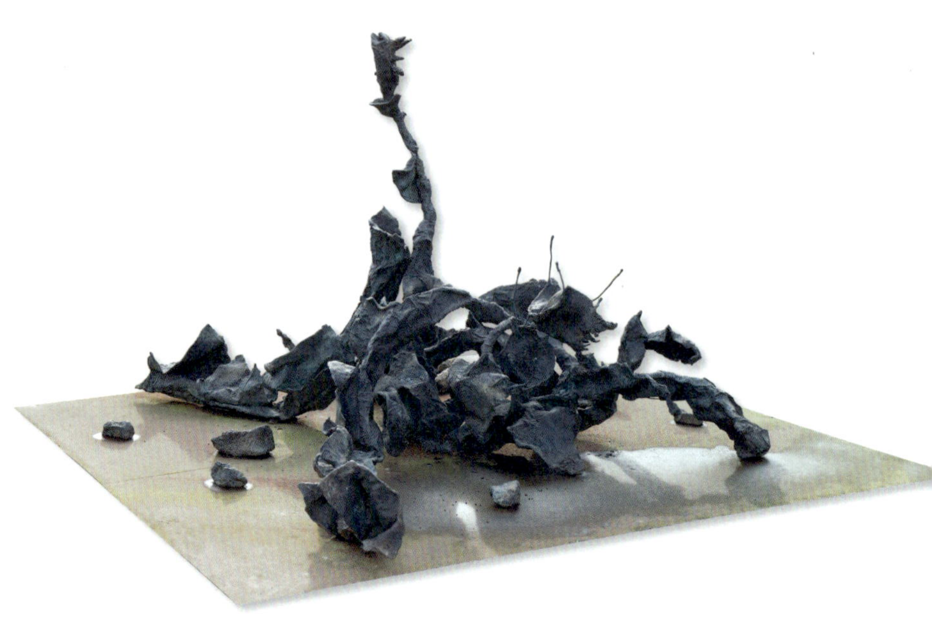

Bernard Schultze, »Kraken-Migof Skulptur«, 1992

Was bedeuten Ihnen Skulpturen, von denen Sie ausschließlich abstrakte sammeln?

Mein Herz hängt an Leinwand, an Bildern an der Wand. Aber es gibt einige Skulpturen, die mir sehr gut gefallen. Meine erste Skulptur habe ich schon sehr lange. Sie stammt von meinem leider schon verstorbenen Freund, dem berühmten japanischen Bildhauer Yoshi Iida. Von ihm stehen in vielen japanischen Städten riesige Skulpturen. Das Objekt war in einer Ausstellung in London zu sehen und Iida kam anschließend zu uns zu Besuch. Da er die Figur nicht zurück nach Japan schicken wollte, erkundigte er sich, ob ich Interesse daran hätte. Unter Freunden fragte ich ihn, welchen Preis er sich dafür vorgestellt habe. So würde ich mit einem mir nicht bekannten

Künstler nicht reden. Er sagte: Gib mir irgendwas. Am Ende einigten wir uns auf einen niedrigen fünfstelligen Betrag. Heute dürfte ihr Wert um ein Vielfaches gestiegen sein. Sie ist schlicht und einfach, das gefällt mir. Auf einer Terrasse im Museum steht eine der »Migofs« von Bernard Schultze. Das sind Figuren, die eigentlich keine sind, in unserem Falle zusammengesetzte Einzelteile aus Bronze. Manchmal entstanden sie auch aus Papier, Draht und Wolle und er hat auch welche gemalt.

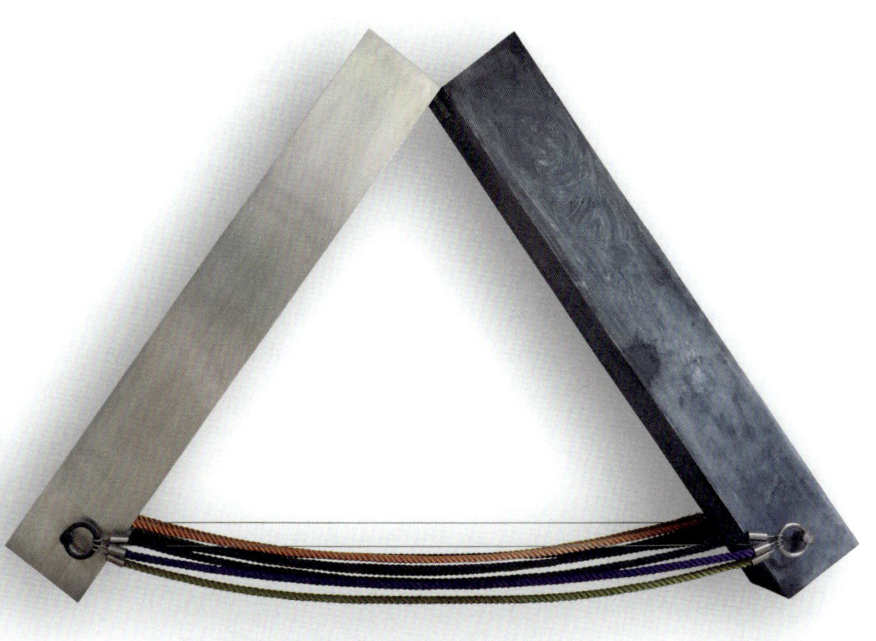

Yoshi Iida, Ohne Titel, 1976

Warum haben Sie trotz Ihrer Vorliebe für Leinwand und Bilder Skulpturen ganz bewusst in Ihre Sammlung aufgenommen?

Wenn sie abstrakt sind, mag ich Skulpturen. Bei Frank Stella zum Beispiel geht das Gegenständliche in das Abstrakte über. Seine Werke sind dreidimensional, ragen, wenn sie an der Wand hängen, bis zu 1,50 m in den Raum hinein.

Spielt dabei das Haptische eine Rolle?

Für mich in der Kunst nicht. Gar nicht. Da spielt nur das Auge eine Rolle. Wobei wir die Skulptur von Tony Cragg so gestellt haben, dass man sie anfassen kann. Für Kinder sicher eine tolle Erfahrung.

Zurück zu den künstlerischen Verbindungen zwischen Japan, Amerika und Europa.

Die Verbindungen zwischen Japan und Amerika waren weniger stark als die zwischen Japan und Europa, vor allem zwischen Japan und Frankreich. Umgekehrt waren die Schnittmengen zwischen Deutschland und Amerika besonders groß, was vor allem an der Emigration deutscher Künstler in die USA lag. Persönlichkeiten wie Hans Hofmann und Josef Albers wirkten in Amerika als sehr geschätzte Kunsthochschullehrer. Zu Hofmanns Schülerinnen zählen Joan Mitchell, die schon erwähnte Lee Krasner und Helen Frankenthaler, die eine Sommerschule bei ihm besuchte. Albers unterrichtete unter anderen Donald Judd und Robert Rauschenberg. Nur am Rande erwähnt, die Bezeichnung »Abstract Expressionism« geht auf den Kritiker Robert Coates zurück, der 1946 eine Galerieausstellung eben jenes Hans Hofmann besprach. Im Übrigen hielten sich fast alle amerikanischen Vertreter des Abstrakten Expressionismus für kürzer oder länger in Paris auf. Von K. O. Götz weiß ich, wie beeindruckt er von ihnen war.

Deutsche Maler, die nie in Amerika gewesen waren, konnten sich in Paris von deren Könnerschaft überzeugen.

Wie wichtig waren Ihnen Schulen für Ihre Kollektion, also die Herstellung eines Zusammenhangs zwischen Lehrern und ihren Meisterschülern? Oder stellen Sie manchmal erst im Nachhinein fest, dass Sie ein Bild erwarben, ohne zu wissen, wer der Lehrer des Adepten war?

Beides. Manchmal erkennt man auch eine Handschrift. Vor einiger Zeit schickte eine Münchner Galerie Fotos der Arbeit eines jungen Künstlers: »Dieses Bild könnte Herrn Ernst interessieren.« Ich sah mir das Foto an und dachte: »Gefällt mir. Aber es sieht aus, als wäre es von Günther Förg.« Ich habe das Bild gekauft. Zwei Wochen später sagte mir meine Mitarbeiterin: »Tatsächlich, es handelt sich um einen Meisterschüler von Förg.« Natürlich ist es kein Förg, es ist schon ein eigenständiger Künstler. Aber der Duktus von Förg ist erkennbar. Arbeiten von Lehrern und Schülern nebeneinander zu präsentieren, fände ich spannend.

Bei den niederländischen Meistern ist es ja so gewesen, dass die Schüler für die Meister malten und die Meister die Werke als die ihren ausgaben.

Das gab es möglicherweise bei uns und in Amerika auch.

Glauben Sie das?

Ich könnte es mir schon vorstellen. Aber ich glaube auch, dass diese Künstler ihren Eleven die Hand geführt haben.

Würde Sie das vom Kauf eines solchen Bildes abhalten?

Wahrscheinlich ja.

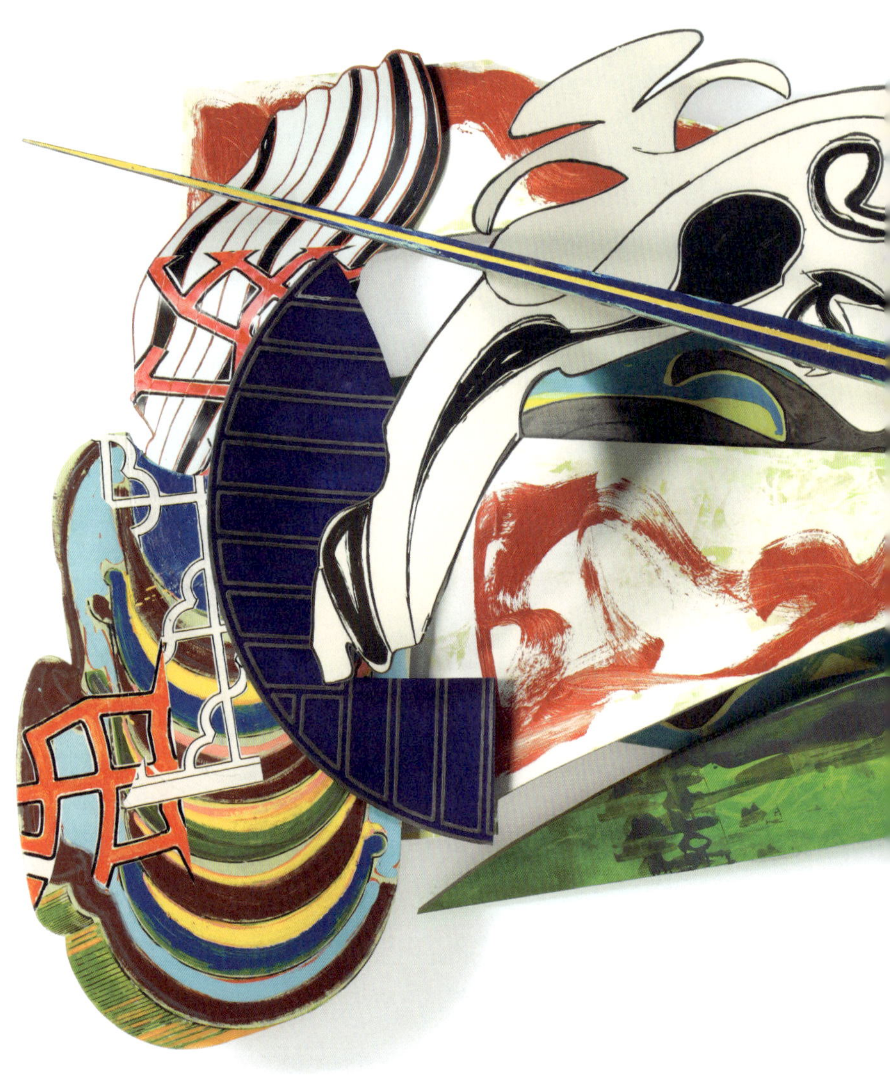

Frank Stella, »The Chase – Second Day; Moby Dick Series«, 1989

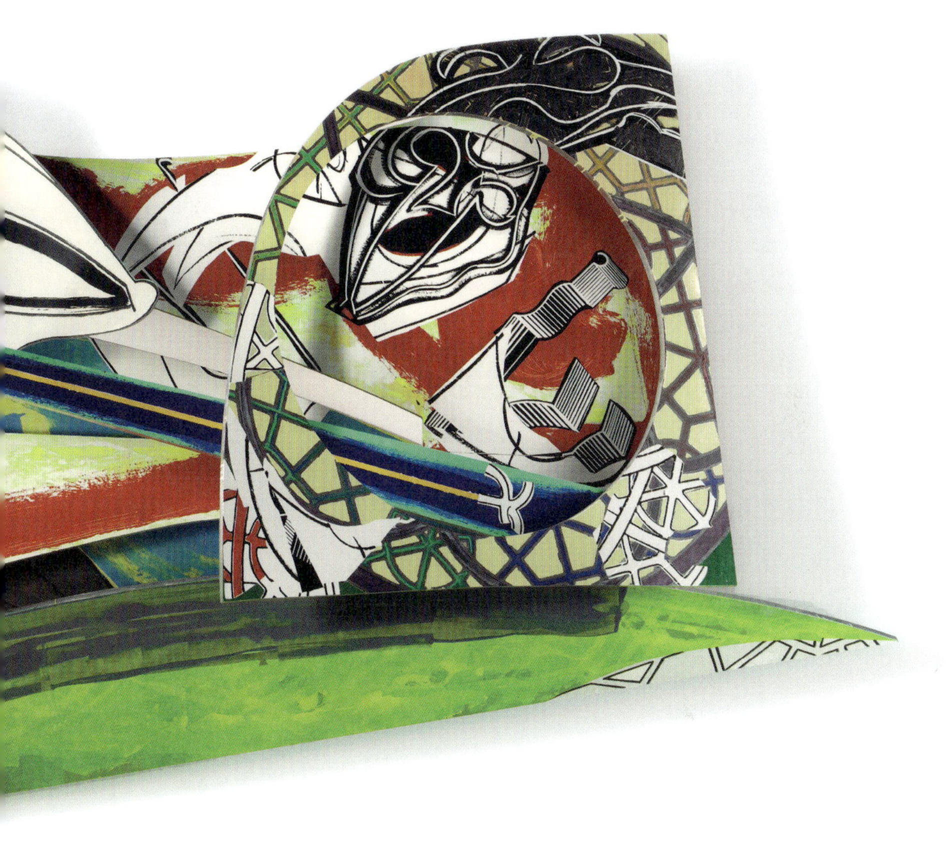

Halten Sie es für plausibel, dass das Aufkommen der gegenstandslosen Malerei, egal ob man sie Informel oder Abstrakten Expressionismus nennt, eine Reaktion war auf den Neubeginn nach dem Zweiten Weltkrieg, als den Versuch eines Neuanfangs mit gleichzeitiger Absage an den abgeschmackten Helden-Gestus der NS-Kunst?

Einerseits klingt das absolut plausibel, andererseits lag es vielleicht einfach in der Luft. K. O. Götz beispielsweise sagte mir: »Wir haben schon während des Kriegs und sogar zuvor so gemalt, wir durften es nur nicht zeigen. Diese Kunst gab es auch schon während des Krieges.«

Hubert Berke hätte ja eigentlich als »entarteter« Künstler gelten müssen, er bekam aber noch in der NS-Zeit Stipendien von privater Seite.

Ich glaube, das lag vielleicht an seinen guten Kontakten zur Kirche.

Lassen Sie uns ein bisschen über Formate sprechen.
Die gehen in Ihrer Sammlung sehr weit auseinander.

Ja, wir haben so viele großformatige Bilder, dass man mit achtzig von ihnen bereits die komplette Kapazität der Hängung im Museum ausschöpfen könnte. Unser größtes Bild misst zwanzig Meter in der Breite. Es ist das Hauptwerk von Toshimitsu Imai, einem japanischen Maler der Gutai-Gruppe. Ein Werk von Damian Hirst bringt es auf zwölf Meter.

Riesenformate haben Sie nie abgeschreckt?

Im Gegenteil, ich mag sie. Ich finde es auch besonders schwierig, große Bilder zu malen. Und da ich mittlerweile zuhause große Wände habe, bin ich davor nie zurückgeschreckt. Oft führt bei der Hängung aber gerade auch der Kontrast zu einer großartigen Wirkung. Ein kleines, ausdrucksstarkes Bild neben einem Riesenformat kann große Kraft entfalten. Die Mischung macht den Reiz aus.

Die amerikanischen und japanischen Bilder haben Sie immer vor Ort gekauft?

Die japanischen Bilder habe ich fast immer gekauft, wenn ich in Japan war. Nur wenige habe ich auf Auktionen ersteigert.

Sonst haben Sie die Arbeiten vornehmlich bei japanischen Galerien oder direkt bei den Künstlern erworben?

Bei Künstlern nur einmal, nämlich bei Tōkō Shinoda, ich war auf ihrem hundertsten Geburtstag. Alle anderen stammen von mir bekannten japanischen Galerien, insbesondere aus der meines Freundes Yokota in Tokyo.

Sprechen Sie ein bisschen Japanisch?

Leider nein. Die Japaner machen es einem zu leicht, indem sie Englisch sprechen, manche sogar Deutsch.

Gab oder gibt es Maler und Malerinnen, die Sie bewundern und bei denen Sie sich einen Kauf aus finanziellen Gründen versagen mussten?

Bis 2004 galt das eigentlich für alle oder doch sehr viele. Von Helen Frankenthaler hätte ich schon sehr viel früher gern ein Werk besessen. Deswegen war es für mich ein sehr bewegender Moment, als ich mir das erste Frankenthaler-Bild leisten konnte.

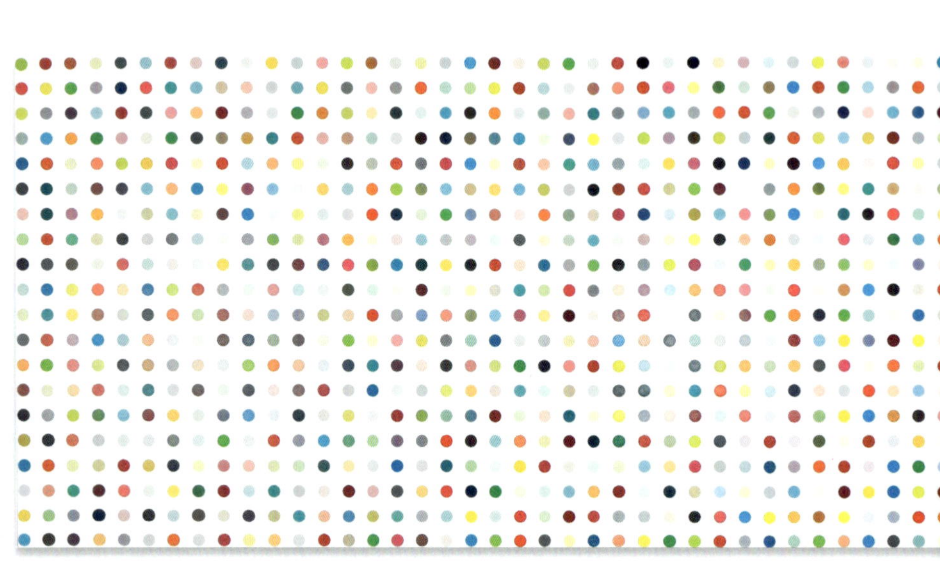

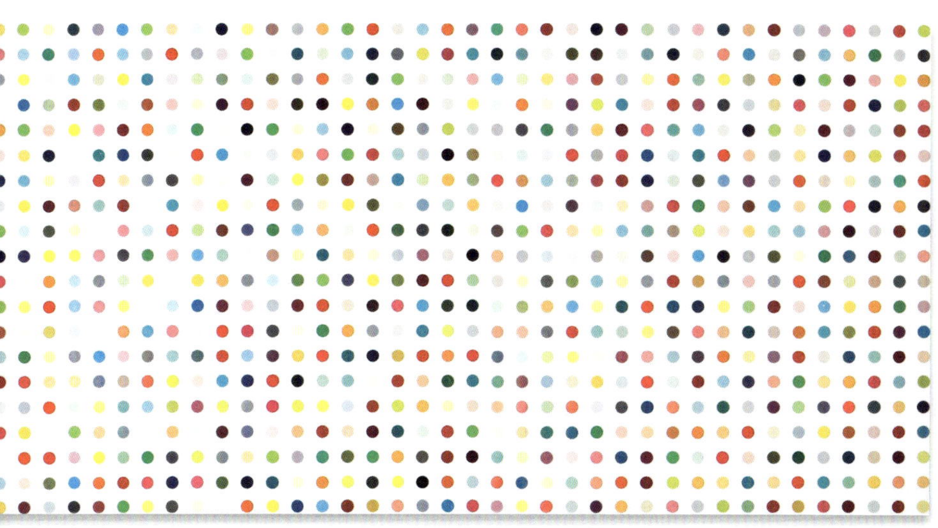

Damien Hirst, »L-Tyrosine-15N«, 2001

Und heute?

Bin ich in Bezug auf Preise sehr vorsichtig. Es gibt eine obere Grenze, bei der ich mir überlegen muss, ob ich für eine solche Riesensumme nicht auch andere Künstler von hohem Rang in die Sammlung integrieren könnte.

Gibt es denn heute eine Künstlerin oder einen Künstler, die oder den Sie in der Sammlung Reinhard Ernst schmerzlich vermissen?

Nicht schmerzlich, aber ich hätte schon sehr gern ein großes Bild von Gerhard Richter, denn er hat tolle farbige Kunstwerke in der ihm eigenen Rakeltechnik geschaffen. Ich habe ein kleineres schönes Bild von ihm, ebenso eines von Pollock. Aber ein großer Richter und ein großes Dripping von Jackson Pollock, die würden mich schon glücklich machen. Doch bei Letzteren beginnen die Preise für ein kleineres Werk derzeit im zweistelligen Millionenbereich.

Die Auswüchse des Kunstmarktes sind Ihnen nicht unbekannt?

Ja, sie treiben bisweilen seltsame Blüten.

Nennen Sie ein Beispiel?

Vor einer Weile informierten mich Makler, sie hätten zwei Pollocks im Angebot.

Immobilienmakler?

Ja, das war ihr Hauptjob. Sie meldeten sich im Namen einer Kundin, einer älteren Dame, deren Namen sie auch nannten. Vielleicht hatte die ihnen einen Immobilienauftrag erteilt und sie gleichzeitig ermächtigt, die Bilder von Pollock mit zu verkaufen, das weiß ich nicht. Jedenfalls bat ich sie, mir Fotos der Pollock-Bilder zu schicken. Das taten sie und wir trafen uns.

Waren Sie interessiert?

Ja, denn eines der Bilder stammte aus dem Jahr 1948. Und der Pollock, den ich besitze, ist von 1947. Sodass man genau die Grenze erkennen konnte, wann er seinen alten Stil aufgab und die Dripping-Phase begann, also das Tropfen der Farbe von einem großen Pinsel oder direkt aus Farbeimern. Es wäre hochinteressant gewesen, dieses Bild neben meinem schon vorhandenen zu präsentieren. Es hätte wunderbar gepasst.

Aber?

Aber ich fragte: »Was stellen Sie sich als Preis vor?« Das eine Bild sollte fünfunddreißig Millionen Euro plus vier Prozent für die Makler kosten, das andere dreißig plus vier. Das war völlig überzogen.

Was Sie den Herren auch schonend beibrachten?

Ich meinte: »Dieses eine Bild ist ein frühes Werk, das darf keine acht Millionen kosten; gehen Sie mal lieber von fünf bis acht aus.« Und zu dem zweiten erklärte ich ihnen, dass vor einer Weile ein riesengroßes Pollock-Bild für vierunddreißig Millionen Dollar versteigert wurde. Dieses hier sei zwar interessant, weil es die Wende zum Dripping markiert, aber es sei noch nicht das reine Dripping-Bild, wie man es aus den späteren Jahren von Pollock kennt, also dürfe es noch nicht einmal fünfzehn Millionen kosten. Die von mir genannten Preise waren grob geschätzt, ich bin ja kein Sachverständiger.

Wie haben die Anbieter reagiert?

Sie sagten: »Gut, dass wir das jetzt mal wissen.« Ich empfahl ihnen, sich künftig vorher bei einem Gutachter zu erkundigen.

Kunsthandel von Ahnungslosen für Ahnungslose.

Solche Auswüchse gibt es.

Aber woher stammt denn Ihre Marktkenntnis?

Vorwiegend durch Auktionsergebnisse, die ich aufmerksam studiere. Sotheby's, Christie's und Phillips und hier in Deutschland Ketterer, Grisebach und Van Ham sind die maßgeblichen Auktionshäuser für moderne und zeitgenössische Kunst und meine hauptsächlichen Bezugsquellen. Deren Auktionsergebnisse wie auch andere Preise kann ich über Artnet abrufen. Hier kann ich auch nachvollziehen, was Bilder bei vorangegangenen Auktionen brachten, wie ihre Wertentwicklung verlief.

Wenn Sie an einer Auktion teilnehmen, fahren Sie dann meist an den Ort der Versteigerung, um diese besondere Atmosphäre aufzunehmen?

Die Atmosphäre ist, speziell in New York, schon besonders. Trotzdem bin ich bei den Auktionen meistens nicht anwesend. Wenn es möglich ist – aber ich muss das Bild kennen – biete ich telefonisch. Dabei hatte ich einmal ein Riesenglück. In München wurde ein Bild des amerikanischen Malers Norman Bluhm versteigert. Ich nahm telefonisch teil. Es wurde aufgerufen mit achtundvierzigtausend Euro. Ich bot und bekam den Zuschlag. Damit hatte ich nie gerechnet. Jahre später traf ich auf einer Kunstmesse am New Yorker Hafen einen Galeristen, einen anerkannten Spezialisten für Bluhm. Er stellte vierzig von dessen Werken aus.

Wir kamen ins Gespräch. Ich erwähnte, dass ich aus Deutschland komme und ein Bild von Bluhm besitze, ersteigert in München. Da sagte er: »Ach, Sie waren das.« Es stellte sich heraus, dass er damals hatte mitbieten wollen, seine Telefonleitung aber zusammengebrochen war. Und er wäre wegen der Provenienz »Tapies« bis achtzigtausend mitgegangen, wie er mir sagte. Glück muss man haben.

Wieso sehen Sie die Anwesenheit auf Auktionen auch kritisch?

Weil man genau beobachtet wird. Hat man ein Bild vor den Augen anderer ersteigert, zumal ein teures, versuchen die anwesenden Händler und Galeristen, Ihren Namen herauszufinden oder sprechen Sie direkt an. Danach bekommen Sie mindestens zehn Mails, in denen Ihnen der kommende Großkünstler angepriesen wird. Wir sind in den Vereinigten Staaten sogar schon im Hotel angerufen worden. Aber das ist Amerika.

Haben Sie sich eigentlich jemals mit nicht-abstrakter Kunst beschäftigt?

Wenn ich heute sage: »Ich sammle abstrakte Kunst, weil ich sie liebe«, dann bedeutet das nicht, dass ich gegenständliche Kunst nicht schätze. Interessiert hat mich zunächst nur das Abstrakte. Je mehr ich über abstrakte Kunst wusste, desto mehr hat dieses Wissen meinen Blick für die »andere« Kunst geschärft. Es wäre ja auch absurd, von der Kunst eines Dürer oder Rembrandt nicht beeindruckt zu sein.

Aber Ihre Wertschätzung ist nie so weit gegangen, dass Sie gegenständliche Kunst kauften?

Nein. Von dem Zeitpunkt an, da ich mir Kunstkäufe im größeren Umfang leisten konnte, hätte ich mich bei der Wahl zwischen figurativ und abstrakt immer für das Abstrakte entschieden. Aber, wie gesagt, diese Frage stellte sich gar nicht, weil ich nur abstrakte Kunst im Sinn und im Blick hatte. Und auch bei den bildnerischen Mitteln war ich sehr fokussiert – Öl auf Leinwand. Im Laufe der Jahre habe ich auch Freude an Skulpturen entwickelt, aber wiederum nur an abstrakten.

Jemand wie Alberto Giacometti würde bei Ihnen unter »figürlich« gebucht?

Klar.

Wie viele Skulpturen haben Sie in Ihre Sammlung aufgenommen?

Ich weiß es auf Anhieb nicht so genau, etwa 80 Skulpturen und Reliefe.

Was die Malerei betrifft, haben Sie auch aktuelle Entwicklungen aufgegriffen. Sie haben Werke von Künstlern erworben, die nicht vorrangig für ihre abstrakten Hervorbringungen bekannt sind, etwa von Jonathan Meese und Anselm Kiefer. Warum?

Weil diese Bilder die beiden Grundvoraussetzungen meiner Sammeltätigkeit erfüllen: Sie sind abstrakt und sie gefallen mir. Anselm Kiefer, da haben Sie Recht, ist für seine unverkennbare Bildsprache in der Malerei bekannt geworden. Aber er hat auch einige abstrakte Bilder gemalt wie »Urd Werdand Skuld II« von 1980, das ich besitze. Und auch Jonathan Meese, von dem ich zwei Bilder erworben habe, hat meine Kriterien erfüllt. Wobei er in diesen beiden Arbeiten kein rein abstrakter Maler ist. Wenn man genau hinschaut, erkennt man Gegenständliches.

Anselm Kiefer, »Urd Werdand Skuld II (The Norns II)«, 1980

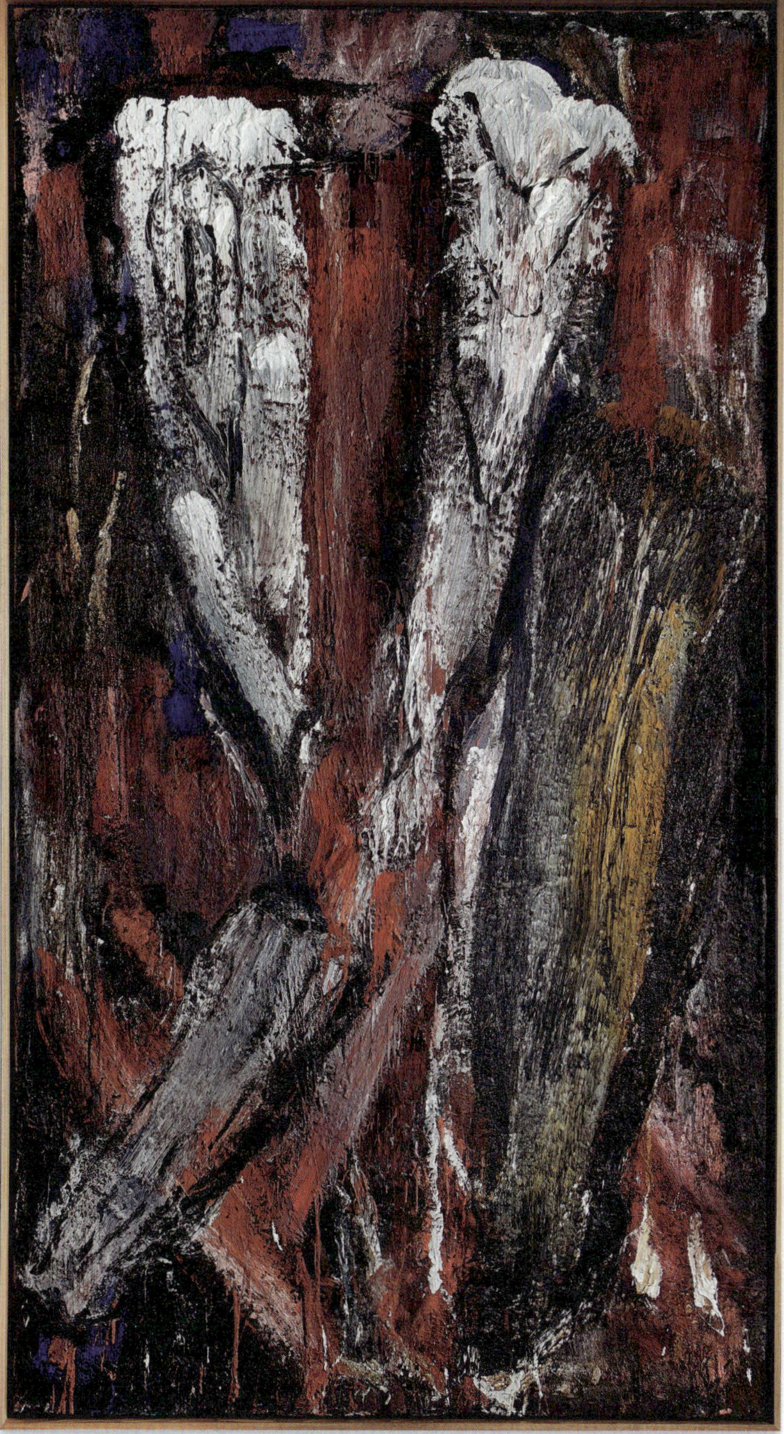

Hat Sie eigentlich der frühe Beuys nie gereizt?

Beuys ist zweifellos einer der Großen, aber er ist nicht mein Künstler. Ich besitze eine Zeichnung von Beuys, eine Ziege mit Hut. Aber Beuys hat auch als Zeichner das Gegenständliche kaum verlassen, insofern reizte er mich nicht. Und die Fettecken und Installationen wie im Darmstädter Landesmuseum sind mir als Kunstsammler eher fremd.

Sie sagen, Beuys sei nicht Ihr Künstler gewesen. Aber es gibt eine andere Persönlichkeit, von der Sie sehr dezidiert festhalten, sie sei Ihre Lieblingsmalerin: Helen Frankenthaler. Warum ist sie Ihre Favoritin?

Ich sah einmal ein großformatiges Bild von ihr. Ich hatte gelesen, dass sie die Erste war, die ihre Leinwände nicht grundierte. Sie brachte Farbe auf die Leinwand auf und ließ sie einziehen. Sie hat eine Technik entwickelt, in der es keine Farbverläufe gibt, sondern in der die Farbfelder exakt voneinander getrennt erscheinen. Für jemanden, der es für unwahrscheinlich oder unmöglich hält, Farben so nebeneinander auf die Leinwand zu bringen, dass es nicht die geringste Überlappung gibt, war das faszinierend, zumal bei großen Leinwänden mit einer Breite von drei Metern und mehr. Aber nicht nur die Technik faszinierte mich, es waren die Farben selbst. Sie verwendete Farben, die ich noch nie gesehen hatte, zum Beispiel ein Rot, das für mich im wahrsten Sinne des Wortes einmalig und erstmalig war. Sie hat die Farben selbst hergestellt, selbst gemischt. Unter anderem setzt sie ein Orange ein, das Sie noch im Dunklen erkennen würden. Man denkt, dahinter brenne eine Kerze, die das Werk zum Leuchten bringt. Joseph Marioni, mein amerikanischer Malerfreund, den ich schon erwähnte, war auch verblüfft über Helen Frankenthalers Farben und musste zugeben: »Keine Ahnung, wie sie das gemacht hat.«

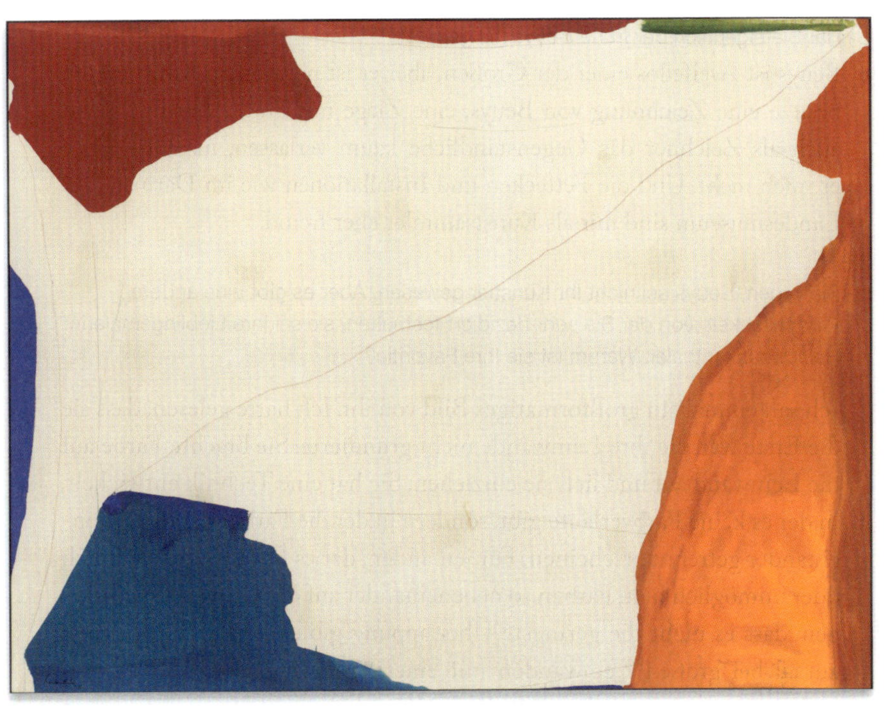

Helen Frankenthaler, » Spanning«, 1971

Und diese Farben haben fünfzig, sechzig Jahre später nichts verloren von ihrer Leuchtkraft.

Haben Sie Ihre Lieblingsmalerin je kennengelernt?

Leider nein. Sie starb 2011. Im Alter malte sie nur noch kleinere Formate. Ich hätte sie gern wegen ihrer Eigenständigkeit kennengelernt. Sie war eine große Künstlerin.

Gibt es eine andere Malerin oder einen anderen Maler, von der oder dem Sie noch mehr Werke gesammelt haben als jene dreiundvierzig von Frankenthaler?

Ja, von Hubert Berke.

Was fasziniert Sie so an ihm?

Zum einen sagen mir seine Bilder einfach zu, zum anderen bewundere ich an Hubert Berke, wie weit er seiner Zeit voraus war. Abstrakt gemalt hat er schon im Krieg und gleich danach noch verstärkt. Objekte mit Nägeln hat er schon zu einer Zeit hergestellt, als Günther Uecker wahrscheinlich noch gar nicht daran dachte. Auch Hubert Berke habe ich leider nicht persönlich kennengelernt. Seine Arbeiten werden auch heute noch viel zu günstig angeboten. Es will mir nicht in den Kopf, dass ein Könner wie er so lange unbeachtet geblieben ist. Was vielleicht auch damit zusammenhing, dass er einen so unausgeprägten Hang zur Selbstvermarktung hatte. Wie ich von seinen Kindern weiß, war er ein in sich gekehrter, zurückhaltender, mit sich im Reinen lebender Mensch. Schon deshalb ist er mir sympathischer als die Marktschreier in eigener Sache.

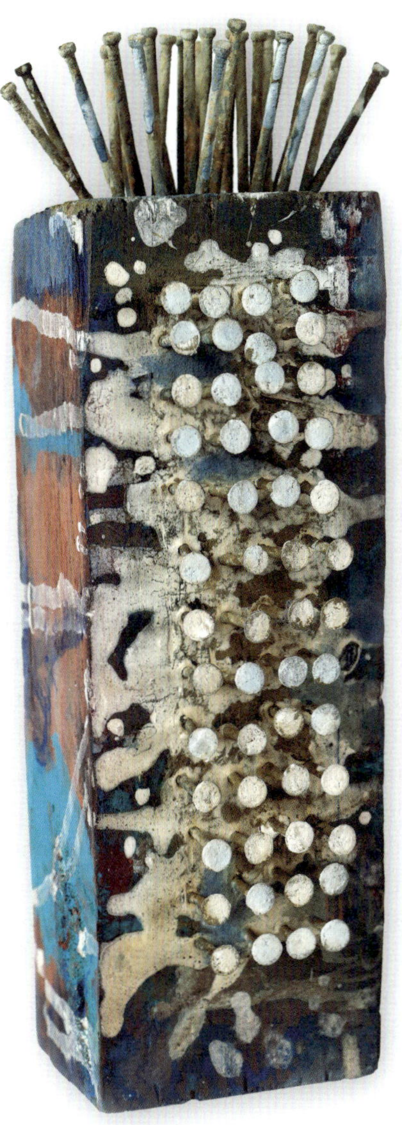

Hubert Berke, »Ohne Titel«, 1955

Und abstrakte Kunst hatte es in den Fünfziger- und Sechzigerjahren in der öffentlichen Akzeptanz sowieso schwer, oder?

Das ist das nachwirkende Erbe des Nationalsozialismus. Unserer Elterngeneration hatte man beigebracht, abstrakte Kunst sei entartete Kunst. Das hielt sich noch lange in den Köpfen, sehr lange.

Kennen Sie eigentlich noch andere Privatsammler, die sich auf abstrakte Kunst spezialisiert haben?

Ich kenne drei und pflege diese Kontakte. Ich hoffe auch darauf, dass unser Museum das eine oder andere Werk als Leihgabe zeigen kann, sodass die Besucher vielleicht auch Werke sehen, die ich mir nicht leisten kann oder will.

KAPITEL DREI

Kindheit, der prägende Westerwald, Lehre, Begegnung im Henninger-Turm, Luxus und Wahrheitsliebe

»Diese Einstellung der Menschen war für mich ein wichtiger Aspekt.«

Wenn es Reinhard Ernst auf der Welt noch einmal gäbe, würden Sie gerne mit ihm zusammenarbeiten?

Ja.

Warum?

Wenn man das gleiche Verständnis davon hat, was wirklich wichtig ist, ist das eine gute Basis, um miteinander auszukommen.

Und charakterlich?

Charakter hängt mit den Genen, aber auch mit der Erziehung zusammen. Charakter wird auch geformt, und ich hatte sehr gute Vorbilder in Person meiner Eltern, Großeltern, Tanten, Onkel. Ich bin in einer intakten, von Fürsorge und gutem Umgang geprägten Familie groß geworden. Diese Erfahrungen tragen erheblich dazu bei, auch als Unternehmer erfolgreich zu werden.

Über die Menschen und die Umstände, die Sie geformt haben, wollen wir jetzt sprechen. Sie sind im September 1945, kein halbes Jahr nach Kriegsende, im Westerwald zur Welt gekommen. Obwohl Sie in Eppstein im Taunus aufgewachsen sind, nennen Sie den Westerwald Ihre Heimat.

Heimat ist da, wo man zu Hause ist, aber der Westerwald nimmt einen besonderen Platz ein. Als ich ein Jahr alt war, kehrte mein Vater aus der Gefangenschaft zurück und meine Mutter zog mit mir zu ihm nach Eppstein-Bremthal. Aber ich habe als Kind manchmal wochenlang bei meinen Großeltern in Dillhausen gelebt, einem Dörfchen mit damals fünfhundert Einwohnern, das heute ein Ortsteil der Gemeinde Mengerskirchen ist. In meiner Schulzeit habe ich sämtliche Ferien dort verbracht bis zum Alter von ungefähr dreizehn oder vierzehn, als ich in den Ferien Geld verdienen wollte, um mir das kaufen zu können, was ich gerne haben wollte.

Wo wurden Sie geboren?

Zu Hause. Das war damals so üblich mithilfe einer Hebamme, das nächste Krankenhaus lag in Weilburg.

Das Zuhause war das Haus der Großeltern, die Kleinbauern waren?

Sie waren weniger als Kleinbauern. Man hatte eine Kuh, eine Ziege, Hasen, Hühner – gerade so viel, wie man zum Leben brauchte. Ein bis zwei Schweine im Jahr, die geschlachtet wurden, die Familie war ja nicht klein. Mein Großvater war Frührentner, er war im Ersten Weltkrieg verletzt worden. Seine Rente besserte er als Ortsdiener auf. Er ging mit der Schelle durch den Ort und verkündete die neuesten Nachrichten. Als Kind bin ich gerne mitgegangen und habe zugehört, was er von sich gab. Er hatte eine schöne, sonore Stimme.

Das waren zum Beispiel standesamtliche Nachrichten?

Alles, was der Bürgermeister ihm aufgeschrieben hatte. Wie ein laufendes Schwarzes Brett der Gemeinde. Außerdem hat er nebenher Landwirtschaft betrieben. Das hieß damals, mehrere Äcker mit Korn, Weizen und Kartoffeln. Die Ernte, bei der ich oft dabei war, ging an eine Art von Genossenschaft. Den Gegenwert erhielten meine Großeltern in Wertmarken, die man gegen Mehl eintauschte, das zum Brot- und Kuchenbacken benötigt wurde. Es war kein großes Geschäft, aber die Familie konnte davon leben. Kartoffeln waren das Grundnahrungsmittel.

Mit Geld ist man also kaum in Berührung gekommen. Das, was die Familie zum Leben brauchte, hat sie entweder selbst erwirtschaftet oder mit Tauschgeschäften erworben?

Vieles war Tausch und man half sich gegenseitig. Dem Nachbar hat man schon mal die Kuh für ein Gespann ausgeliehen. Die Nachbarschaftshilfe war sehr groß. Man lebte wie eine große Familie. Für mich als Kind war das wunderschön. Ich war überall willkommen. Wenn man durch die Gegend lief, hieß es immer aus einer Tür: Komm mal her, ich hab' was für Dich!

Hatten Sie als Kind einen Spitznamen?

Eigentlich nicht, einige wenige haben mich Reini statt Reinhard genannt.

War die Familie groß?

Meine Mutter hatte drei Schwestern und zwei Brüder. Sie war die Älteste und ich war der älteste Enkel mit allen Vorteilen, die man dadurch haben konnte. Der Liebling der Großeltern. Meine Tante erzählte einmal: Als ich das Haus meiner Großeltern mit einem Jahr verließ, waren auf den Fensterscheiben noch meine Fingerabdrücke erkennbar. Sie durfte die Scheiben nicht säubern, weil diese als Erinnerung bleiben sollten.

Aufgewachsen sind Sie aber in Bremthal?

Ja, dort wohnte meine Oma väterlicherseits. Ihr Mann, mein Opa, war im Krieg gefallen. Kurz vor dem Krieg, 1939, hatten die beiden ein Haus gebaut, das mein Elternhaus wurde. In Bremthal bin ich zur Volksschule gegangen.

Haben die Jahre im Westerwald Sie stärker geprägt als die Zeit in Bremthal?

Obwohl ich dort weniger Zeit verbrachte als in Bremthal, haben mich die Wochen im Westerwald sehr geprägt: insbesondere meine Großeltern, aber auch der Umgang mit diesem Menschenschlag.

Woran erkennt man in Ihnen den Westerwälder außer an dem rollenden »R«?

Der Westerwälder ist dickköpfig, das bin ich manchmal auch, betont meine Frau des Öfteren. Er steht zu dem, was er ist, sehr bodenständig. Die Firma, für die er arbeitet, ist oft die Firma fürs Leben. Diese Einstellung der Menschen war für mich ein wichtiger Aspekt, als ich meine Firma von Langen nach Limburg verlegt habe.

Welche Bedeutung hatte die katholische Kirche für Sie?

Kirche und Leben waren eins, das gehörte zusammen. Dillhausen war fast komplett katholisch, erst nach dem Krieg kamen mit den Flüchtlingen einige Protestanten. Dort lebten vereinzelt Juden, die Straße, in der meine Familie wohnte, hieß früher Judengasse. Meine Tante hatte in der NS-Zeit Ahnenforschung betrieben. Als sie in unserem Stammbaum einen jüdischen Familienzweig entdeckte hatte, hörte sie damit auf – wohl aus Angst vor den Folgen. Die Judengasse wurde später in Gartenfeldstraße umbenannt. Den Katholizismus haben meine Eltern und Großeltern gelebt. In den Ferien musste ich mindestens einmal in der Woche morgens um sieben Uhr zur Kirche, sonntags war Gottesdienst Pflicht.

Mussten Sie auch zur Andacht?

Andacht auch, sonntagmittags um vierzehn Uhr, das war klar, und ich durfte manchmal sogar mitläuten. Mit acht Jahren wurde ich Messdiener, das blieb ich bis achtzehn. Als Katholik habe ich vieles erlebt.

Gehörte das Gebet zu Hause dazu?

Ein Mittagessen ohne Gebet gab's nicht. Ein Abendessen ohne Gebet gab's ebenfalls nicht. Auch ein Nachtgebet hat nie gefehlt. Mit siebzehn oder achtzehn war ich froh, dass ich es »hinter mir« hatte. Das galt ebenso für den Kirchgang. Aber irgendwann merkte ich, dass ich etwas vermisse. Da bin ich wieder in die Kirche gegangen.

Sie sind noch Mitglied der katholischen Kirche?

Ja, ich bin immer noch Mitglied, demzufolge auch Steuerzahler. Ich glaube an die Werte einer christlichen Gemeinschaft – trotz allem. Ich finde alles, was jetzt nach und nach aufgedeckt wird, schrecklich. Aber deshalb aus der Kirche auszutreten, das wäre mir zu einfach. Trotzdem bin ich überzeugt davon, dass sich die Kirche verändern muss, wenn sie nicht zu einem Auslaufmodell werden will.

Welche Bräuche oder Zeremonien haben Sie besonders beeindruckt?

Fronleichnam war immer ein schönes Fest. Draußen im Freien wurden die Altäre aufgebaut, die von den Frauen mit Blumen geschmückt wurden. Auch die großen Festtage wie Ostern oder Weihnachten; davon bekommt man als Messdiener viel mit. An die Predigten kann ich mich nicht mehr erinnern, aber daran, was man als Messdiener alles angestellt hat.

Sagen Sie bloß, Sie hätten keine Streiche gespielt?

Doch. Schon.

Welche waren das, oder dürfen wir noch nicht darüber reden?

Es ist verjährt. Morgens musste man ins Pfarrhaus, um den Messwein zu holen. Beim Vorbereiten auf die Heilige Messe ist mir die kleine Flasche umgefallen. Auf dem Tisch mit hohen Kanten bildete sich ein See. Von dem habe ich zuerst einmal probiert. Das Ende vom Lied: Es blieb nur ein kleiner Rest in der Flasche, und ich kannte den Pfarrer und seinen Durst. Darauf habe ich mit Wasser nachgefüllt. Während des Messopfers guckte er mich an und sagte erst mal gar nichts. Er war ein sehr strenger Pfarrer, aber er mochte mich. Ich durfte mir vieles erlauben, weil ich ihm ehrlich sagte, was ich dachte. Ich hätte probiert, um zu wissen, ob der Wein schlecht sei. Er antwortete: Du weißt, du hast das heilige Messopfer geschändet! Ich habe mich aber nicht geschlagen gegeben und erwidert, das Wasser sei nach der Heiligen Schrift doch auch zu Wein geworden. Zwei Tage später brachte er mir eine Flasche Wein mit den Worten: Die gibst du deinem Vater, er soll dir einen Schluck abgeben, aber das hier machst du nie mehr. Den Wein werde ich nie vergessen, das war naturreiner Wein von der Insel Samos, zuckersüß. Damit konnte man mich schon damals jagen. Mein Vater hat sich gewundert, als ich ihm die Flasche mit einem schönen Gruß vom Herrn Pfarrer überreichte, denn ich habe ihm natürlich nichts über den Hintergrund erzählt. Mein Vater mochte süßen Wein.

Können Sie noch das Stufengebet?

Ich glaube, ich bekomme es noch zusammen, wobei ich kein Latein gelernt habe. Bestimmte Gebete konnte man auswendig hersagen, ohne zu wissen, was man da sagte. Während des Gottesdienstes hat man das so heruntergerattert und dabei alles Mögliche gemacht, hin- und hergeschaut. Als ich nach Hause kam, habe ich von der Großmutter was auf den Deckel bekommen: Wie hast du dich denn da vorne benommen!

Auf den Deckel hieß, dass man schon einmal eine Ohrfeige bekam?

Nein, höchstens mal einen Schubs. An etwas anderes kann ich mich nicht erinnern. Meine Mutter, die viel kleiner als ich war, hat einmal, als ich etwas angestellt hatte, mit dem Kochlöffel nach mir geschlagen. Ich habe das mit dem Arm abgewehrt, dabei ist der Löffel zerbrochen. Wir haben beide gelacht.

Können Sie einmal Ihre Eltern beschreiben?

Die Eltern hatten es schwer, drei Kinder nach dem Krieg großzuziehen. Meine Mutter war Hausfrau, hat aber nebenbei noch stundenweise in einer Schreinerei oder in anderen Haushalten geholfen; sie hat immer versucht, für die Familie noch zusätzlich Geld zu verdienen. Mein Vater hat in der »Rotfabrik« (Hoechst AG) gearbeitet und ist abends spät nach Hause gekommen. Samstags wurde auch gearbeitet, wir sind in den Wald gegangen und haben Holz als Brennmaterial geholt. Meine Mutter baute auf ein bis zwei Äckern alles Mögliche für den täglichen Bedarf an. Meine Eltern waren sehr fürsorglich, aber nicht so, wie man sich heute verhält, dass man sich etwa häufiger auch umarmt. Wir kannten das als Kinder eher nicht. Heute umarmt mich meine Mutter und sie küsst mich. Richtige Nähe habe ich bei meinen Eltern nicht wirklich gespürt, die hatte ich eher bei meinen Großeltern.

Haben Sie nie mal auf dem Schoß Ihrer Mutter gesessen?

Ja, doch schon, aber da kam ich schlecht hin. Die beiden Jüngeren saßen meistens schon da. Aber zu den Geschwistern gab es immer ein gutes Verhältnis.

Bis heute?

Bis heute. Beide wohnen noch in Bremthal. Meine Schwester und mein Bruder mit der ganzen Verwandtschaft, meine Mutter ist dreizehnfache Uroma, sogar einmal Ururoma. Um uns herum hat sich viel getan und wir sind mehrfach Onkel und Tante. Wir sind voll »integriert«.

Haben Sie in Ihrer Jugend aufbegehrt?

Ein großer »öffentlicher« Aufbegehrer war ich nicht, aber ich habe oft das gemacht, was ich wollte. In der Schule hatte ich die größten Probleme damit, dass ich bestimmte Sachen nicht oder anders gemacht habe. In Geschichte war ich einer der Besten, weil mich das Fach interessiert hat. Alles andere fiel mir nicht schwer, war mir aber eher egal. Ich war froh, als die Schule für immer vorbei war. Ich war nicht unbedingt fleißig, Fußball war mir wichtiger als Chemie oder Physik.

Was hat Ihnen Fußball bedeutet?

In meiner Jugend sehr viel. Ich habe allerdings früh gemerkt, dass ich nicht das Zeug zum Profi hatte. Immerhin durfte ich in Bremthal ein paar Jahre in der Ersten Mannschaft spielen. Bis ich die Firma übernommen habe, spielte ich regelmäßig jedes Wochenende Fußball und trainierte unter der Woche. Ich mochte das Vereinsleben. Wir haben im Ligabetrieb in der B-Klasse gekickt. Mit fünfunddreißig Jahren habe ich noch bei den »Alten Herren« mitgespielt.

Haben Sie danach noch Sport getrieben?

Die Firma hat das alles aufgefressen. Geblieben sind Freundschaften zu einigen aus dem Verein, aus dem Dorf. Wir treffen uns ab und zu, einigen habe ich auch das Museum schon gezeigt. Das wird auch so bleiben.

Auch kein Golf im Alter?

Nein, da fehlt mir die Zeit. Wir haben mal einen Schnupperkurs mitgemacht. Das hat uns ganz gut gefallen, wie auch Tennis. Aber es hat alles zu viel meiner Zeit in Anspruch genommen. Heute muss ich sagen, ich mache zwar zu wenig Sport; hat mir aber bisher nicht geschadet.

Sie haben auch kein Abonnement im Fitnessstudio oder ein Trimm-Dich-Fahrrad zu Hause?

Doch, letzteres habe ich. Aber das steht bereits seit mindestens zwei bis drei Jahren still. Gut wäre das für mich, nachdem ich eine neue Hüfte bekommen habe. Ich sitze ja nur im Büro. Seit kurzem benutze ich es wieder.

Hatten Sie als Fußballspieler ein Idol?

Ganz klar war das für mich Uwe Seeler. Ein toller Spieler, der immer sympathisch geblieben ist. Er war für mich auch als Mensch und Geschäftsmann ein Vorbild.

Sind Sie Anhänger eines Fußballclubs?

Ja, der Frankfurter Eintracht. Sie hat mich immer begleitet, seit ich in Frankfurt meine Lehre gemacht habe. Da war ich in Frankfurt zu Hause und ich liebe diese Stadt, dazu bekenne ich mich. Aber ins Stadion bin ich nur selten gegangen. Es fehlte wieder die Zeit und es gibt Dinge, die mir noch wichtiger sind.

Welche Schule haben Sie besucht?

Die Realschule in Hofheim, früher hieß sie Mittelschule. Es war eine sehr gute Schule. Es ging dort streng zu, man musste eine drei Tage lange Aufnahmeprüfung machen. Später ist auch gesiebt worden, einige sind sitzengeblieben.

Sie auch?

Nein, ich bin immer »durchgerutscht«, obwohl ich selten meine Aufgaben gemacht habe. Dazu hatte ich keine Zeit, weil ich auf den Sportplatz musste. Abgeschrieben habe ich die Schulaufgaben im Zug von Niederjosbach nach Hofheim. Morgens ging es zuerst zu Fuß die drei Kilometer von zu Hause nach Niederjosbach, einen Bus gab es nicht. Dann weiter mit dem Zug. Das Abschreiben war eine große Herausforderung, denn wir fuhren dauernd über Schienenstöße. Das ruckte jedes Mal und ergab beim Schreiben Absätze. Bei mir hat man diese Absätze nicht gesehen. Mit jahrelanger Übung habe ich das abgefedert. Ich war ein »Zugschreiber«. In der Regel hat es immer gereicht. Einmal aber nicht. Ich sollte einen Aufsatz vorlesen, den ich nicht geschrieben hatte. Ich habe dann aus dem Kopf »vorgelesen«. Wäre nie aufgeflogen, wenn nicht ein paar Mitschüler blöd gelacht hätten. Dadurch wurde die Lehrerin aufmerksam. Sie sagte, eigentlich hast du das gut gemacht, aber du bekommst nur eine Vier.

Sie hätten eine Eins kriegen müssen für die Fantasieleistung.

Das ist richtig, aber ich hatte sie ja auch belogen.

Sind Sie ungern zur Schule gegangen oder hat das soziale Leben ausgeglichen, dass Sie am Unterricht keinen Spaß hatten?

Das soziale Leben hat alles ausgeglichen. Ich hatte viele Freunde; Freundinnen nicht, wir hatten nur sechs Mädchen in der Klasse und in dem Alter waren die noch nicht so interessant. Sport war mein Lieblingsfach, Geschichte habe ich gerne gemacht, Deutsch mochte ich auch, Mathe ging so, aber Physik und Chemie waren für mich schlimm. Auf uns vom Dorf haben die anderen so ein bisschen heruntergeguckt. Wir hatten noch hohe Schuhe an, die Sohlen waren genagelt, damit sie sich lange hielten, und die aus der Stadt hatten schon Halbschuhe. Unterschiede gab es. Das hat sich später alles geändert. Bei unserem ersten Klassentreffen fragte man, wo wohnst du denn jetzt? Und siehe da, die aus der Stadt wohnten jetzt alle auf dem Dorf.

Der Abschluss war die Mittlere Reife?

Ja. Für mich war klar, danach ist Schluss.

Wann war das?

1961. Abitur war kaum üblich. Unser Bester hat auf der Wirtschaftsfachschule in Frankfurt studiert. In der Berufsschule hatte ich einen Lehrer, mit dem ich gut konnte: Herrn Dr. Herbert Alsheimer. Später wurde er Professor an der Höheren Wirtschaftshochschule. Er meinte, du bist so faul, schaff' jetzt was und mach' ein Studium. Also habe ich die Aufnahmeprüfung absolviert und bestanden. Bin aber nie angetreten, weil sich parallel meine berufliche Laufbahn so entwickelte, dass ich dachte, ich verliere drei Jahre. Meine Entscheidung war richtig.

Wann hörte denn die Faulheit auf?

Mit der Berufsschule. Als ich die Ausbildung zum Speditionskaufmann begonnen habe, interessierte mich alles. Ich war von da an immer einer der Besten, habe meine Prüfung mit guten Noten bestanden. Das war der Kaufmannsgehilfenbrief, vergleichbar mit dem Gesellenbrief. Ich hatte gute Lehrmeister in der Frankfurter Niederlassung einer Hamburger Spedition.

Wie kamen Sie auf diesen Beruf?

Mein Vater, der Chemiefachwerker bei Hoechst war, fragte mich eines Tages, was ich werden wolle. Damals gab es jede Menge berufliche Möglichkeiten und viele freie Stellen.

Ihre Antwort hieß Profifußballer?

Nein, nein. Für den Profifußball war ich bei weitem nicht gut genug, das hatte ich früh erkannt. Mein Vater sagte: Lern' was Gescheites. Eines Abends erzählte er, dass der Sohn eines Arbeitskollegen jetzt eine Lehre als Speditionskaufmann mache. Weil mir das überhaupt nichts sagte, hat mir mein Vater in dieser Spedition einen Schnuppertag verschafft. Was heute üblich ist, war damals außergewöhnlich und hat mir sehr geholfen. Der Beruf hat mich von Anfang an begeistert.

Was genau?

Die Vielfalt. Dort gab es die Lkw-Transporte von Hamburg, Bremen und Rotterdam nach Frankfurt und quer durch Europa, Binnenschifffahrt, Seeschifffahrt und auch die Luftfahrt. Man kam viel mit Menschen zusammen.

Sind Sie einmal mitgefahren auf dem Lkw oder einem Schiff?

Nur mal mit dem Lkw vom Zollamt zum Kunden oder von einer Abladestelle zur nächsten, aber keine großen Strecken. Als junger Mann war ich ein Vierteljahr in Hamburg und Bremen. Ich wohnte in Hamburg in der Nähe der Spedition. Das ging, wenn an der Berufsschule Ferien waren.

Und wo lag die Spedition in Frankfurt?

Direkt am Güterplatz, Mainzer Landstraße, als dort noch der große Güterbahnhof existierte. Das war damals ein Industriegebiet mit einem Zollamt, wo heute die Wohnhochhäuser stehen.

Was war Ihr frühester Berufswunsch?

Ich wollte Schreiner werden. Mein Großvater väterlicherseits war Möbelschreiner, er ist im Krieg gefallen. Von ihm stammten die Möbel meiner Großmutter und vieles andere mehr. Ich habe ihn nicht mehr erlebt, nur seine Arbeiten bewundert.

Gibt es noch Stücke von damals in Ihrem Besitz?

Bei uns zu Hause hängt ein Kruzifix, das mein Großvater geschnitzt hat. Meine Schwester besitzt noch viele Möbel von ihm. Es gibt Kommoden, sogar ein Bett.

Was hat Ihnen die Ausbildung in der Spedition für das spätere Berufsleben mitgegeben?

Der Spediteur ist ein Vermittler, er steht zwischen dem Auftraggeber und dem Frachtführer und besorgt für den Kunden die Transportfahrzeuge. Er besitzt keine Lkw, er benötigt eigentlich gar nichts.

Er braucht also nur einen Schreibtisch, ein Telefon und ein Netzwerk.

Ja. Und es gab viele Anregungen. Wir hatten in Frankfurt zum Beispiel einen Großhändler, der mit Keramikmosaiken aus Japan handelte. Das war damals extrem modern, ist es auch heute wieder, wir verwenden es auch im Museum. Die Schiffe kamen im Frankfurter Westhafen an, die Ware wurde auf Lkw verladen und ging direkt an die Baumärkte. Sehr cleveres Geschäftsmodell. Da habe ich gedacht, so etwas könntest du auch machen. Das hat mir imponiert, der Importeur ist nach Japan geflogen, fuhr einen amerikanischen Schlitten. Ich merkte: Wenn man etwas schafft, kann man etwas bewegen. Und ich habe das System von Zahlungsweisen kennengelernt. Da tauchten solche Begriffe auf wie »Akkreditiv«. Grob erklärt: Ein Kunde hinterlegt bei seiner Bank einen Betrag, an dessen Zahlung an einen Dritten bestimmte Bedingungen geknüpft waren. Solch eine Bedingung konnte zum Beispiel lauten: Wenn du in dreifacher Ausführung die Schiffsfrachtpapiere, die sogenannten »Konnossemente«, der Bank übergibst, dann wird das Geld an dich überwiesen.

Machten Sie auch negative Erfahrungen?

Wie man auf die Nase fliegen kann, wenn man sich mit Frachtpapieren nicht auskennt, habe ich auch erlebt. Ich war noch angestellt in meiner späteren Firma und unser japanischer Gesellschafter hatte tausend

Geschäftsideen. So sollten wir einen »Bullbag« vermarkten, das war ein Wagenheber. Der funktionierte so, dass man einen Schlauch an den Auspuff anschloss. Mithilfe der Abgase pumpte sich ein Sack so auf, dass er das Auto anhob. Er hat dieses Produkt nachbauen lassen und hunderttausende davon verkauft. Mein Kollege übernahm in Europa den Verkauf, unter anderem aber auch nach Nigeria. Als ich ihm erklärt habe, dass es da diese Konnossemente gibt und worauf man achten muss, hat er nur abgewunken: Ich mach das schon. Auf dem Tisch lag eines Tages solch ein Akkreditiv einer nigerianischen Bank. Das war zu schön, um echt zu sein – mit Palmen und allem Schnickschnack. Ich fragte ihn, läuft das Geschäft noch? Ja, lautete die Antwort, aber ich habe Probleme mit der Bank. Ich habe ihm dann eröffnet, dass es die Bank wohl gar nicht gibt. So war es dann auch. Er hatte die Bags geliefert und das Geld kam nicht. Dreißigtausend D-Mark waren weg. Dabei hätte er sich das denken können. Nigeria war in der Schifffahrt bekannt als ein schwieriges Land. Aber es gab ja auch Bankenverzeichnisse, in denen die Geldhäuser gelistet waren. Hatte er nicht geprüft.

Hat es Sie denn nie gereizt, mal auf einem dieser Dampfer mitzufahren?

Nein, hat mich nie gereizt.

Wohin sind Sie von der Spedition aus gewechselt?

Nach der Lehre wurde ich übernommen und durfte als Jungspund die Importabteilung übernehmen mit drei oder vier Mitarbeitern. Beim Skifahren habe ich in dieser Zeit einen Japaner kennengelernt, der in der Schweiz lebte. Der sprach mich an, er führe in Frankfurt eine Tochterfirma von Hitachi mit Namen Shibaden, die sich mit Videotechnik für Schulen beschäftige. Die saßen in der Kennedyallee. Er machte mir ein sehr gutes Angebot, fast ein Drittel mehr Gehalt. Ich wurde nett verabschiedet in der Spedition, hatte immer noch ein gutes Verhältnis dorthin und habe sie oft genutzt, wenn wir etwas zu transportieren hatten. Als ich damals wechselte, war mir schon klar, dass ich irgendwann selbst Unternehmer werden wollte. Am liebsten Gründer einer Spedition.

Ab wann brannte in dem jungen Mann der Ehrgeiz?

Nach meiner Bundeswehrzeit. Die kam nach der Lehre und vor der Stelle in der Spedition. Stationiert war ich in Ulmen in der Eifel in einer Fla-Rak-Einheit, einem Flugabwehrraketenbataillon der Luftwaffe, das mit amerikanischen Hawk-Raketen bestückt war. Wegen der sehr langwierigen und technischen Ausbildung saßen dort vor allem Zeitsoldaten. Deshalb habe ich als Wehrpflichtiger im Schreibzimmer gesessen und die Dienstpläne gemacht. So habe ich immer dafür gesorgt, dass jedes Wochenende einer da war, der mich mit dem Auto nach Hause mitgenommen hat. Für mich waren diese eineinhalb Jahre eine eher verlorene Zeit. Ich hatte nie den Wunsch, mich zu verpflichten.

Und bei Shibaden entwickelten Sie schon den Gedanken, sich eines Tages selbstständig zu machen?

Ja, obwohl ich dort schon viele Freiheiten hatte. Das hat mir später geholfen, meinen Mitarbeitern Freiheiten zu lassen.

Was war dann der Stachel, wenn Sie dort doch so frei arbeiten konnten? Lag es an der Verantwortung, war es das Geld?

Es kam vieles zusammen. Geld und Verantwortung spielten eine Rolle. Mir war klar, wenn man viel Geld verdienen will, muss man selbst etwas unternehmen.

Und dann kam die legendäre Szene im Henninger-Turm. Erzählen Sie.

Meine Frau und ich haben 1968 Verlobung gefeiert, zwei Jahre vor der Hochzeit.

Woher kannten Sie sich?

Wir kannten uns von der Hochzeit meiner Schwester. Es war nicht unbedingt Liebe auf den ersten Blick, eher Interesse. Zu Beginn konnten wir nicht so viel miteinander anfangen. Aber die Liebe ist schnell gewachsen. Wie vieles im Leben. Wir haben 2020 Goldene Hochzeit gefeiert.

Das Restaurant im Henninger-Turm, ein Drehrestaurant, war eine große Attraktion damals. Man musste lange vorbestellen.

Genau. Der äußere Bereich drehte sich, der innere nicht. Wir waren erstmals dort und hatten einen schönen Tisch für sechs Personen.

Den Verlobungsring hatten Sie dabei?

Nein, den hatte ich ihr morgens schon gegeben, so lange konnten wir nicht warten.

Wie waren Sie angezogen?

Ich glaube, ich war ziemlich schick in Anzug und Krawatte und meine Frau trug ein sehr schönes Kleid. Sie hat top ausgesehen. Eine Drehung dauerte rund zwanzig Minuten. In der Mitte fielen uns zwei Männer auf, die wir mindestens schon ein Mal umkreist hatten. Sie wirkten ein bisschen hilflos. Ein Asiate und ein Amerikaner. Das konnte man an seinen »Hochwasserhosen« sehen, wie meine Großmutter das nannte. Ich bin aufgestanden und habe ihnen einen Platz angeboten. Den haben sie gerne angenommen und wir kamen sofort ins Gespräch. Auch der Japaner sprach sehr gut Englisch.

Sie auch?

Ja, ich hatte in der Schule sechs Jahre Englisch gelernt, in der Spedition viel Englisch gesprochen. Wir wollen eine Firma aufbauen, sagte der Amerikaner. Als sie hörten, was ich aktuell machte, fragten sie gleich, ob ich nicht Interesse an etwas ganz Neuem hätte. Es stellte sich heraus, dass sie in Deutschland ein japanisch-amerikanisches Unternehmen für eine Getriebefertigung und den Vertrieb dafür aufbauen wollten. Getriebe sagten mir nicht viel. Von Anfang an dabei zu sein und ein Unternehmen von Grund auf aufzubauen, hörte sich aber gut an. Die Verabredung hieß: morgen früh zehn Uhr, Unterschweinstiege.

War das ein Hotel?

Eine Gaststätte am Frankfurter Flughafen. Da gab es einen Nebenraum für das Casting. Ich kam rein und sah nur Leute in dunkeln Anzügen, ich hatte Jeans an. Da war mir klar, ich war zu einem Vorstellungsgespräch geladen. Der Amerikaner hat mich schnell entdeckt, hat zu seinem Kollegen gesagt, die anderen können erstmal warten, er ist jetzt da. Dann haben sie mir erzählt, was sie vorhatten. Haben mir die Getriebe gezeigt, von denen ich gar nichts verstand. In einem technischen Englisch. Es ging um ein »reduction gear«, ein Reduktionsgetriebe. Ich konnte nicht erkennen, wohin das gehörte, in ein Auto oder eine Maschine.

Aber Sie haben geblufft.

Nein, ich habe gesagt, das kenne ich nicht. Keine blasse Ahnung. Sie haben mir trotzdem einen fünfseitigen Arbeitsvertrag auf Englisch vorgelegt. Den wollte ich mir lieber in Ruhe zu Hause durchlesen. Ich habe nämlich nicht alles verstanden, nur eine Zahl hatte ich gesehen. Mit der hatte ich ein Problem. Das Gehalt lag zweihundert Mark unter dem, was ich bisher im Monat verdiente. Die Antwort lautete, das sei überhaupt kein Problem: Fangen Sie erstmal an, wie wir Sie kennengelernt haben, verdienen Sie bald mehr. Ich habe also nicht unterschrieben, sondern habe zu Hause meinen Eltern und meiner zukünftigen Frau die Unterlagen gezeigt.

Warum haben Sie den Familienrat gefragt?

Die Entscheidung hatte ich schon gefällt als ich dort wegfuhr. Es war ein Ja. Aber ich bin so erzogen worden, dass man mit den Eltern darüber redet. Das war damals so. Und mit meiner Frau wollte ich es auch besprechen.

Wie lautete das Urteil?

Meine Frau und meine Mutter haben gesagt, du wirst doch wohl nicht so bescheuert sein, irgendwo anzufangen, wo du zweihundert D-Mark weniger verdienst. Zweihundert Mark waren viel Geld damals.

Wie hoch sollte denn das Monatsgehalt liegen?

Zweitausendsechshundertfünfzig Mark.

Das war für diese Zeit nicht so schlecht.

Das war gut, ich habe mehr verdient als Vater und Schwiegervater, die dafür hart arbeiten mussten. Aber ich verdiente vorher zweitausendachthundertfünfzig. Mein Vater meinte, erstmal muss der Job Spaß machen und wenn du gut darin bist, dann verdienst du bald auch mehr. Ich würde das Risiko eingehen, sagte er. Das hätte ich meinem Vater nicht zugetraut. Zwei Tage später habe ich per Fernschreiben zugesagt. Das gab's damals in der Spedition, alle neuen Kommunikationsmittel wie Faxe gab es dort.

Durften Sie den Fernschreiber Ihrer alten Firma dafür nutzen?

Ich konnte das Gerät bedienen und habe es benutzt, eigentlich zweckentfremdet.

Wie groß war das neue Unternehmen damals?

Wir fingen an mit einem japanischen Geschäftsführer, einem Diplomkaufmann als Buchhalter, ich habe mich um die Logistik gekümmert, einer Sekretärin und zwei Vertrieblern, insgesamt sechs Mitarbeiter.

Wie unterschied sich die Unternehmenskultur von einer deutschen Firma?

Die Produkte kamen aus Japan, die Organisation und das Reporting stammten aus Amerika. Wir hatten es also mit zwei Kulturen zu tun. Zum ersten Mal habe ich ein monatliches Reporting erlebt: Die Umsatzzahlen, die Gewinn- und Verlustzahlen gingen regelmäßig rüber in die USA. Das kannte man hier 1970 gar nicht. In der Zusammenarbeit mit den Japanern hinderte das schlechte Englisch und es gab keine brauchbaren Kataloge für die Produkte. Nur welche in schlechtem Englisch und in Schwarz-weiß, von deutschen Katalogen ganz zu schweigen. Ich habe schnell gemerkt, wenn du hier nichts veränderst, ist das Unternehmen schon bald am Ende. Nach einem Jahr war das Kapital aufgebraucht. Die Amerikaner haben den ersten Vertriebler entlassen. Ich habe daraufhin den ersten deutschen Produktkatalog gemacht, habe alles, so gut ich konnte, aus dem Englischen übersetzt. Mit den Maschinenbauern habe ich mich zusammengesetzt und die Sprache korrigiert. Zum Beispiel gab es den Begriff »Backlash«, das war das »Spiel« zwischen den Zähnen eines Zahnrades. Auf Deutsch musste das »Zahnflankenspiel« heißen. Solche Wörter musste ich mir erstmal erarbeiten, bin nach Darmstadt zur TU gefahren, habe einem Professor mein Problem geschildert. Das hat ihm sehr viel Spaß gemacht. Der erste Katalog auf Deutsch hatte acht Seiten und war in greller Farbe.

Faszination Farbe.

Die Japaner kannten keine Farben, nur Schwarz-weiß. Von da an hieß es dort immer über uns: Das sind doch die mit dem farbigen Katalog. Ich habe mich dann um den ausländischen Markt gekümmert, denn in Deutschland lief es sehr schlecht. Das reichte nicht zum Überleben. War für einen Speditionskaufmann ohne Maschinenbaukenntnisse nicht einfach.

Wie viele Produkte boten Sie damals an?

Wir reden von einem Produkt, von einem Hochreduktions-Getriebe. Das ist ein Getriebe mit hoher Untersetzung, 80:1 war damals die niedrigste. Dieses Getriebe hat die Verformung von Material zur Kraftübertragung genutzt. Man brauchte die hochuntersetzenden Getriebe, um relativ langsame Bewegungen zum Beispiel von Roboterarmen auszuführen. Der Vorteil bei diesem hochtechnischen Produkt war der geringe Verschleiß. Ich habe das bis zu einem gewissen Grad verstanden und später darüber sogar Vorträge an der Hochschule gehalten. Am Anfang kamen Fragen von Studenten, die wiederum ich nicht verstanden habe. Später schon. Ich habe damals zur Erklärung Papiermodelle erstellt, die ich fünfundzwanzig Jahre später, als ich wieder einmal von potenziellen Maschinenbaukunden eingeladen war, auf dem Tisch wiedererkannte.

Gab es nie die Idee, einmal außerhalb des magischen Dreiecks Wiesbaden-Eppstein-Limburg zu leben?

Doch. Als ich bei Hitachi-Shibaden arbeitete, plante man, eine Firma in Los Angeles aufzubauen. Für mich gab es da ein sehr interessantes Angebot, aber meine Frau hat nicht mitgespielt. Für sie war Familie sehr wichtig. Ich musste die Entscheidung fällen zwischen Familie und Job.

War Ihre Frau berufstätig?

Sie arbeitete beim Straßenneubauamt in Wiesbaden. Später war sie halbtags in der EDV-Abteilung einer Farbenfabrik beschäftigt. Das erste Auto, mit dem sie dorthin gedüst ist, war ein Fiat 500. Später, als ich in der Firma mehr Verantwortung übernahm, hatten wir viele Gäste. Jede Woche kamen Japaner oder Amerikaner. Meine Frau hat mich sehr entlastet, weil sie für die mitgereisten Frauen das Damenprogramm organisiert hat. Tolle Geschichten hat sie da erlebt. Eine Japanerin sprach kein Wort Deutsch oder Englisch, und im Rheingau begann sie nach dem zweiten Wein, »Am Brunnen vor dem Tore« zu singen. Als wir das eigene Haus hatten, hat meine Frau sich zusätzlich sozial engagiert, zum Beispiel alte Menschen im Altenheim betreut.

Sie fühlen sich Ihrem Heimatort Eppstein verpflichtet und haben das Gebäude für die Musikschule gestiftet.

Das hatte zwei Gründe. Viele Kinder in unserem verwandtschaftlichen Umfeld machten Musik. Sie berichteten, dass die Übungsräume katastrophal waren. Zur gleichen Zeit habe ich in meiner Firma festgestellt, dass Musik und Kunst wichtige Katalysatoren sind. Unter den Mitarbeitern gab es viele, die musiziert haben, sowohl alleine als auch in Orchestern. Sie waren offener und haben eher Harmonie als Konfrontation gesucht, sind anders mit Menschen umgegangen. Man hatte gemerkt, dass Musik etwas in ihnen bewegt. Also stimmt es: Musik ist wichtig, gerade für die Entwicklung junger Menschen. Die Kreativität wird geweckt. Man darf nicht vergessen, dass der Mittelstand in Deutschland von der Kreativität lebt. Wir würden in zukünftigen Jahren Riesenprobleme haben, wenn die Kreativität nachlassen würde. Also ist die Musikförderung eine langfristige Aufgabe, deren Ergebnis man womöglich noch nicht in den nächsten Jahren erkennen kann, aber in zehn bis fünfzehn Jahren vielleicht, wenn man Leute braucht, die ein Unternehmen führen oder gründen.

Haben Sie selbst Bezug zur Musik?

Ich mag Musik, spiele aber kein Instrument. Mir gefällt zwar auch Wagner, aber lieber mag ich Pop, alles, was in den Sechziger- und Siebzigerjahren an Musik beliebt war. Das ist meine Musik. Ich gehe ab und zu in Konzerte, aber viel lieber gehe ich doch in ein Museum.

Aber die Musikschule war Ihnen ein wichtiges Projekt.

Ja, einerseits, weil sie in der Stadt gebraucht wurde, und andererseits, weil Musik Kreativität fördert. Ein guter japanischer Freund, ein Musikkritiker, las davon in der Zeitung und meinte, auf diese Idee mit der Kreativität wäre er im Leben nicht gekommen. Das sei aber absolut richtig. Er war begeistert davon, dass hier eine Verbindung hergestellt wurde zwischen Kreativität, Musik und einer Firma. In Japan nutzt er dieses Projekt als zusätzliches Argument dafür, dass jedes Kind ein Musikinstrument lernen soll. Das gibt es schon sehr häufig in den Schulen. Aber ich meinte nicht das Modell, bei dem die Kinder gedrillt werden, sondern eher, dass sie spielerisch an die Musik herangeführt werden.

Handelt es sich um eine reine Jugendmusikschule?

Nein, dort wird auch Jazz gespielt, ebenso wird Gymnastik mit Musik für Senioren angeboten. Das älteste Mitglied ist über achtzig. Die Leiterin ist auch schon über siebzig.

Sie haben das Haus gestiftet?

Ja, unsere Stiftung, also meine Frau und ich. Wir haben das Haus auf dem städtischen Grundstück nahe dem Eppsteiner Bahnhof gebaut. Der Altbau war so marode, dass wir ihn abreißen mussten. Den Neubau haben wir fix und fertig hingestellt bis zum letzten Pinselstrich, und haben ihn der Stadt geschenkt. Sie ist Eigentümerin und hat ihn der Musikschule Rossert übergeben, einem eingetragenen Verein, der seit vielen Jahren existiert und über achthundert Mitglieder hat.

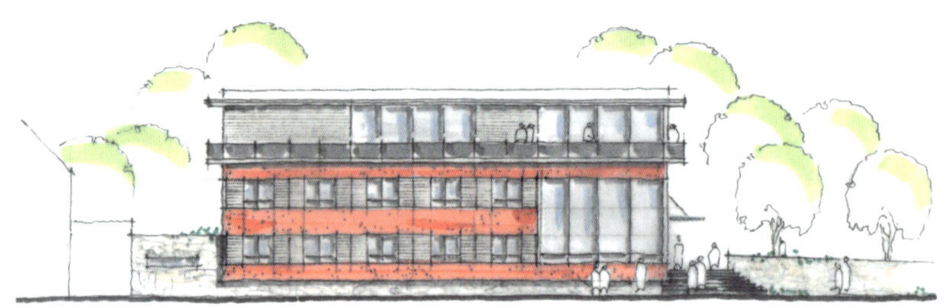

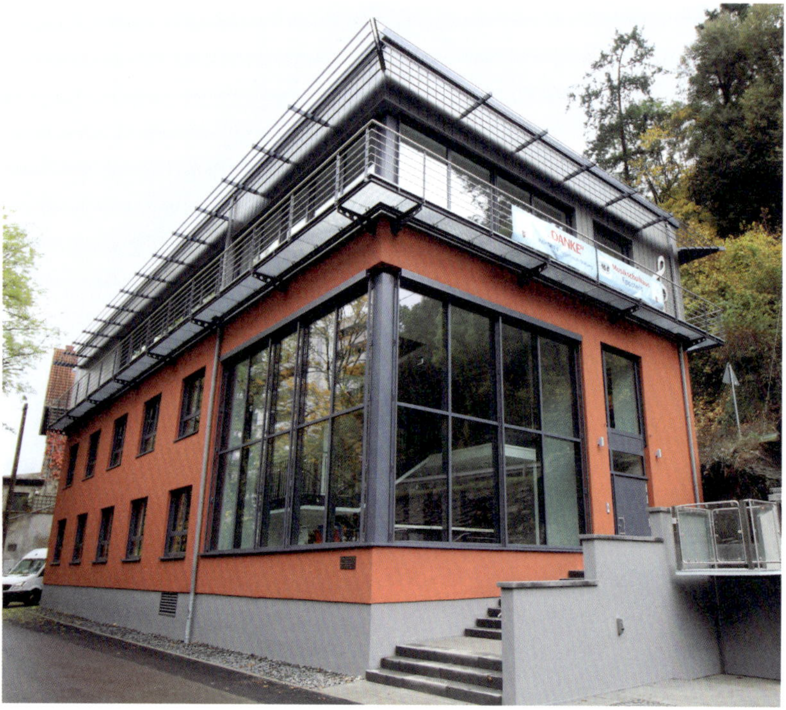

Die Musikschule in Eppstein, Am Herrengarten

Wenn neu gestrichen wird, wer zahlt das?

Das zahlt die Stadt. Wir spenden schon mal Geld, wenn jemand für den Unterricht geholt werden soll oder Musikinstrumente gebraucht werden.

Wie viel hat das Haus gekostet?

Zwei Millionen Euro.

Solche Projekte nehmen Zeit in Anspruch, auch ein engagiertes Berufsleben fordert seinen zeitlichen Preis. Haben Sie Ihren Freundeskreis dennoch gepflegt?

Ja, das war uns immer wichtig.

Wie setzt sich Ihr Freundeskreis zusammen?

Querbeet.

Es gibt also noch Schulfreunde und Spielfreunde aus dem Sandkasten?

Die gibt es. Letztere aus dem Westerwald eher weniger. Einer ist heute großer Metzgermeister und hat den Betrieb schon seinem Sohn übergeben. Mit vielen habe ich Fußball gespielt. Jedes Jahr war Kirmes in Dillhausen, die gibt es heute nicht mehr. Die alten Sandkastenfreunde habe ich jedes Jahr bei der Kirmes gesehen, zu der wir regelmäßig fuhren. Das war klar, am Sonntag nach Laurentius war Kirchweih.

Wie lange sind Sie da noch hingepilgert?

Da war ich schon verheiratet. Meine Frau verstand sich sehr gut mit meinen Großeltern im Westerwald. Die haben sich immer gefreut, wenn wir kamen. Bis zu ihrem Tod haben wir sie besucht. Und später sind wir noch einige Male da gewesen, weil eine Tante fünf Kilometer entfernt wohnte.

Erst wurde bei ihr Kaffee getrunken, und dann ging es mit Cousinen und Cousins auf die »Kermes«, wie es damals hieß.

Schreiben Sie Ihren Freunden zu Geburtstagen?

Freundschaften muss man pflegen, sonst gehen sie kaputt. Ich erhalte und beantworte jede Menge Schreiben. Es passiert auch nicht, dass ich eine Mail drei oder vier Tage liegenlasse. Treffen sind mir wichtig, zum Beispiel mit Schulfreunden, wir fahren zusammen ein- bis zweimal im Jahr in den Rheingau. Später kamen die Freunde aus Wiesbaden dazu, aus Hamburg, viele Freunde haben wir in Japan. Mittlerweile haben sich die Verbindungen schon auf die Kinder und Enkelkinder übertragen. Die Tochter eines japanischen Freundes hilft uns heute noch – von Japan aus – im Museum. Sie hat inzwischen selbst zwei Kinder. Sie ist auch Kunstliebhaberin und recherchiert für uns, welche Produkte aus Japan wir in unserem Museumsshop verkaufen könnten. Miho ist hier groß geworden, spricht perfekt Deutsch, hat in England studiert. Ihr Bruder Nono spricht ebenfalls fast fließend Deutsch.

Diese Freunde haben Sie über den Beruf kennengelernt?

Über den Beruf und über Rotary. Beispielsweise habe ich Freunde in Châlons, die ich über den Rotary-Partnerclub kennengelernt habe. Dort gibt es einen rotarischen Freund, der hohes Fachwissen hat und Weine »auf Termin« kauft.

Was für Weine sind das?

Rotweine aus dem Burgund und vor allem aus Bordeaux. Dort kauft er immer die Besten eines Jahrgangs, er kauft sie – wie schon gesagt – zwei bis drei Jahre im Voraus. Von ihm habe ich einiges gelernt. Eine Kiste kostet schon einmal viertausend Euro. So viel Wein trinke ich aber gar nicht. Vor zwei Jahren habe ich sechs oder sieben solcher Kisten verkauft. Ich habe mir gesagt: Die Flasche für zweihundert Euro, den Unterschied schmeckst du nicht. Ich habe da rund vierzigtausend Euro Gewinn gemacht, das Geld für ein Bild.

Sind Sie jemand, der sagt, was ich ein halbes Jahr nicht angefasst habe, schmeiße ich weg oder verkaufe ich?

Eigentlich nicht. Ich kann gut aufheben. Aber irgendwann dachte ich mir, jetzt musst du mal etwas damit anfangen. Der Wein hätte vielleicht noch zehn Jahre älter werden können, aber irgendwann sollte er getrunken werden. Ein Händler hat ihn gekauft und war heilfroh, dass die Kisten noch original verpackt waren, und wir beide so ein gutes Geschäft gemacht haben.

Was lassen Sie sich etwas kosten, was ist ein persönlicher Luxus, den Sie sich leisten?

Da gibt es einiges, wenn Sie so fragen. Eine schöne Uhr mag ich schon.

Wie viele Uhren haben Sie?

Einige – ich habe sie nie gezählt. Ich wechsele gerne mal. Sie werden mich aber nie mit einer Applewatch antreffen.

Warum, wegen der Ästhetik?

Ja. Eine Uhr muss ihren Zweck erfüllen, aber sie muss auch schön aussehen. Und sie muss meinen Ansprüchen genügen.

Welche ist Ihre Lieblingsuhr?

Ich habe eine Patek Philippe mit Jahreskalender und Mondphasen-Anzeige. Patek sind meine Lieblingsuhren. Für den Alltag habe ich einfache Uhren, aber trotzdem keine Nullachtfünfzehn, hier am Arm eine Audemars Piguet, das ist eine sehr frühe mit der Nummer 59, noch ohne Automatik, sondern mit Batterie. Das hat den Vorteil, dass sie sehr flach ist. Die habe ich damals bei einem Juwelier in Zürich gekauft, lange her!

Haben Sie zur Kommunion eine Uhr bekommen?

Ja, eine Junghans, die habe ich heute noch. Natürlich. Das war noch eine zum Aufziehen, eine der ersten Junghans-Uhren.

Was gibt es noch?

Nach der Kunst kommt für mich, beziehungsweise uns, das Wohnen, das ist sehr wichtig. Das Umfeld. Alles, was dazugehört, natürlich auch Kunst in der Wohnung, Möbel. Wichtig sind mir die Abläufe, ich bin ein großer Fan von Ablaufstrukturen. Das hängt auch mit meinen Erfahrungen zusammen. Das heißt, keinen Schritt zu viel machen – wie in der Fertigung. Das gilt zum Beispiel für die Küche.

Es gibt also eine Durchreiche.

Ja, es gibt eine Wand, die ich zum Essbereich öffnen und durch die man hindurchgehen kann. Der Schreiner hat sich vor kurzem bei mir gemeldet und gesagt, er habe die Pläne weggeschmissen. Er werde so etwas nie mehr bauen, weil es zu anspruchsvoll war, er hatte hier nichts verdient. Tische habe ich teilweise selbst designt, der Schreiner hat sie danach gebaut.

Welche dieser Leidenschaften teilen Sie mit Ihrer Frau?

Haus, Möbel und Einrichtung, aber auch Garten, wobei der die Domäne meiner Frau ist.

Wie würden Sie den Stil nennen, in dem Sie wohnen?

Modern. Oder besser bequem, modern, nüchtern. Ich habe Freunde, die sagen, bei dir ist es mir zu nüchtern, da liegt ja gar nichts herum.

Die Kissen haben keinen Knick.

Kissen gibt es, aber die haben keinen Knick. Es gibt wenige Teppiche, aber einen unter dem Esstisch. Wir möchten den Boden sehen, weil er sehr schön ist. Es ist französischer Kalkstein. Die Farbe ist sehr zurücknehmend, damit die Wirkung der Bilder nicht gestört wird, aber es sind teilweise Muscheln zu erkennen.

Sie haben in Wiesbaden damals neu gebaut?

Der Vorgängerbau wurde abgerissen. Der Architekt war Hans-Peter Gresser. Ich halte ihn für einen der besten Architekten hier in der Region, wir zogen an einem Strang. Ich hatte Sonderwünsche: ein besonderes Dach, keine runde Treppe, die war mir zu alltäglich. Unsere Treppe musste elliptisch sein. Die Stufen wurden aus Glas gefertigt, dadurch ist die Treppe eine Skulptur für sich.

Wie viel Prozent Reinhard Ernst steckt in der Architektur?

Das Modell habe ich gebaut und dann dem Architekten gegeben.

Sie haben also das Haus selbst entworfen?

Nein, ich würde sagen, die Aufgaben waren zwischen dem Architekten und Bauherrn gut verteilt. Das, was vom Architekten kam, war wahrscheinlich wichtiger als das, was von mir kam. Manchmal wunderte er sich allerdings.

Wie äußerte sich das?

Er wollte das Staffelgeschoss verputzen. Nein, habe ich gesagt, das sieht nicht gut aus, die Fassade machen wir aus gefärbtem Glas. Er hat sich sehr gefreut und mir zugestimmt, aber gleich angefügt, dass das ein paar Euro mehr kosten würde. Ja, habe ich gesagt, aber ich baue nur einmal – was nicht stimmte.

Sind Sie noch mit allem zufrieden?

Ich bin unserem Architekten sehr dankbar. Wir haben uns sehr gut ergänzt. Manches würden meine Frau und ich heute nicht mehr machen. Den Boden zum Beispiel, weil er so empfindlich ist. Man sieht dort schnell Flecken.

Und dann gibt es noch die Autos.

Ich durfte eine Tiefgarage bauen an der Stelle eines Hauses, das im Vorgarten stand. Das war mein Glück. Dort stehen unsere Gebrauchsfahrzeuge und ein paar Sportautos. Warum habe ich Interesse daran? Weil ich weiß, wie ein Motor funktioniert, wie ein Getriebe funktioniert und das ist etwas, was mich fasziniert. Gerade bei den neuen Autos.

Aber Sportwagen sind doch sehr eng, mit welchem Auto fahren Sie in Urlaub?

Mit einem Porsche Cayenne, der hat Platz für Gäste und einen großen Kofferraum. Mein Alltagsauto ist ein Smart, mit dem ich täglich zur Museumsbaustelle gefahren bin. Meine Frau fährt im Alltag einen Mini Cooper.

Ist Ihnen Geschwindigkeit wichtig?

Weniger die Höchstgeschwindigkeit, mich interessiert die Beschleunigung.

Was ist mit der Schönheit?

Die Ästhetik spielt für mich eine sehr große Rolle. Diese Autos sind Schönheiten, teils Ikonen. Aber auch die Leistung ist imponierend.

Wie viele Sekunden benötigt denn so ein Sportwagen von null auf hundert?

Weniger als drei Sekunden.

Da brauchen Sie ein Sauerstoffgerät im Auto.

Nein, nein, das können Sie gut verkraften.

Was sagt eigentlich Ihre Frau dazu?

Meine Frau interessiert sich für die Autos weniger, ab und zu fährt sie mal mit, aber das reicht ihr dann für eine Weile.

Das Einsteigen ist doch recht beschwerlich.

Es gehört viel Übung dazu, und es gibt Tricks.

Wie ist Ihr Verhältnis zum Geld, zum Reichtum?
Haben Sie als Kind darunter gelitten, zu wenig Geld zu haben?

Überhaupt nicht. Für mich ist Geld noch heute etwas, das man für irgendetwas nutzt. Eigentlich ist es mir unwichtig. Das ist ein bisschen unfair, weil das meistens Leute sagen, die genügend haben. Bezogen auf die Firma: Die wichtigste Aufgabe eines Unternehmers ist Geldverdienen. Das ist entscheidend und so war es auch bei mir. Wenn ich viel Geld verdient habe, ist noch mehr in der Firma geblieben, wir haben davon noch mehr Maschinen gekauft. Damit konnten wir alle gut leben. Wie bereits anfangs gesagt, habe ich mir zeitweise nicht mehr bezahlt als meinen besten Mitarbeiten. Später konnten wir uns persönlich fast alles leisten, was wir wollten. Aber das haben wir nie gemacht. Man denkt darüber nach, wofür man das Geld braucht. Wir haben keine Kinder. Man stellt irgendwann fest, du kannst und willst nicht alles ausgeben. Wir haben Freunde, die besitzen überall auf der Welt Immobilien. Das kann man natürlich machen, aber das hätte uns keinen Spaß bereitet. Das waren wir nicht.

Sie besitzen also nur das Haus, in dem Sie wohnen.

Ja. Eine Wohnung in einem Urlaubsgebiet hätte ich mir vorstellen können, aber meine Frau wollte nicht. Sie meinte, sie habe keine Lust, irgendwo anzukommen und dann gleich zu putzen. Heute bin ich froh, dass wir das so gemacht haben.

Haben Sie beim Reisen Lieblingsziele?

Wir fahren gerne nach Ascona, wir sind generell gerne in der Schweiz. Nach Japan reisen wir öfter. Nach Amerika fliegen wir meist wegen der

Kunst, dann vor allem nach New York. Wir waren auch schon auf der anderen Seite bis Hawaii. Gerne sind wir in Oberstaufen im Allgäu.

Wegen der Kur?

Nein, wir machen keine Kur. Wir leben da etwas gesünder, essen (manchmal) etwas weniger und reinigen den Körper für ein paar Tage von innen mit dem guten Wein vom Bodensee. Schließlich geht es noch nach Mallorca und Teneriffa.

Machen Sie denn viel Urlaub?

Mittlerweile verreisen wir so vier bis fünf Mal, aber immer nur zwischen zehn und vierzehn Tage. Früher war das ganz anders, da waren es insgesamt keine drei Wochen im Jahr.

Würden Sie sich als Workaholic bezeichnen?

Was ist das? Ich kann schlecht abschalten. Wenn ich zu Hause bin, fällt mir oft noch etwas ein, das schreibe ich mir dann auf. Ich kann mich nicht daran erinnern, einmal an einem Tag weniger als zehn bis zwölf Stunden gearbeitet zu haben.

Aber ist man da Workaholic?

Keine Ahnung.

Können Sie auch mal gar nichts tun?

Das habe ich noch nicht versucht. Ich glaube, ich könnte es nicht. Im Urlaub, wenn wir unter dem Sonnenschirm sitzen, dauert es keine halbe Stunde, dann habe ich entweder ein Buch in der Hand oder etwas zu schreiben. Da habe ich meistens die besten Ideen entwickelt. Zum Beispiel habe ich neue Regeln für den Umgang miteinander aufgestellt, ich hatte Muße, das war eine besonders kreative Zeit.

Hieß es da nicht in der Firma:
Oh Schreck, der Chef kommt mit neuen Ideen aus dem Urlaub?

Nein, das ist anders aufgenommen worden. Angst vor dem Chef gab es nicht. Respekt schon, aber keine Angst. Ich lege auch heute noch Wert darauf, dass es so ist.

Haben Sie einen materiellen Wunsch, den Sie sich bisher nicht erfüllt haben?

Nein, mein größter Wunsch nach meinem Geschäftsleben war das Museum.

Welche drei Haupteigenschaften schreiben Sie sich zu?

Ich kann mit Menschen umgehen und sie für mich gewinnen. Ich kenne keinen Neid, und drittens: Ich glaube, dass ich ein kreativer Mensch bin. Leben und leben lassen ist mein Lebensmotto. Für mich bedeutet das, ich bin nicht allein auf der Welt. Das bezieht sich auf die Umwelt, aber auch auf meine Mitarbeiter, ich habe dafür zu sorgen, dass es auch anderen gut geht. Ich möchte niemanden betrügen oder belügen. Das ist mir fremd.

Sie können nicht lügen?

Im Geschäftsleben kommt es vor, dass man manchmal zwar nicht lügt, aber nicht die ganze Wahrheit sagt. Das ist meines Erachtens auch legitim. Aber absichtlich jemanden belügen, das habe ich in meinem Leben nicht oft gemacht.

»Die wichtige Frage ist doch: Sehe ich darin einen Sinn?«

Gründung der Stiftung, Engagement für Japan, gescheiterte Museumsversuche in Limburg, die Anfänge in Wiesbaden und ein toller Redner

KAPITEL VIER

Wie kam es zur Gründung der Stiftung?

Seit dem Jahr 2000 haben meine Frau und ich uns mit diesem Gedanken getragen, auch weil wir feststellten, dass unser Vermögen nicht unerheblich ist. Man fragt sich irgendwann, was daraus wird, wenn wir beide nicht mehr da sind. Wir haben eine große Verwandtschaft, aber wir wollten auch etwas tun, das der Allgemeinheit zugute kommt. Was die Familie betrifft, haben wir alles geregelt. Seit dem Jahr 2000 habe ich mich persönlich intensiv mit dem Thema Stiftung befasst. Im Jahr 2004 haben wir unsere Stiftung gegründet, also beim Regierungspräsidium angemeldet, mit dem Finanzamt gesprochen, die Stiftungssatzung entsprechend ausgearbeitet. Die Satzung haben wir weitaus detailreicher ausgeführt als gefordert. Mit den Jahren haben sich auch Zwecke geändert. Am Anfang stand dort unter anderem »Kultur«, nicht »Kunst«. Später haben wir die »Kunst« ergänzt und die Errichtung eines Museums als konkreten Stiftungszweck aufgenommen. Auch diese Änderungen wurden mit dem Regierungspräsidium und dem Finanzamt abgestimmt. Heute haben wir einen Stiftungsrat, dessen Vorsitzender ein langjähriger Freund ist. Johannes Wedding ist Wirtschaftsprüfer und für die Position die Idealbesetzung. Oliver Ickstadt als Geschäftsführer der Stiftung und der Holding hat mir sehr viel Arbeit abgenommen, insbesondere während des Museumsbaus.

Johannes Wedding (li.) und Oliver Ickstadt (re.)

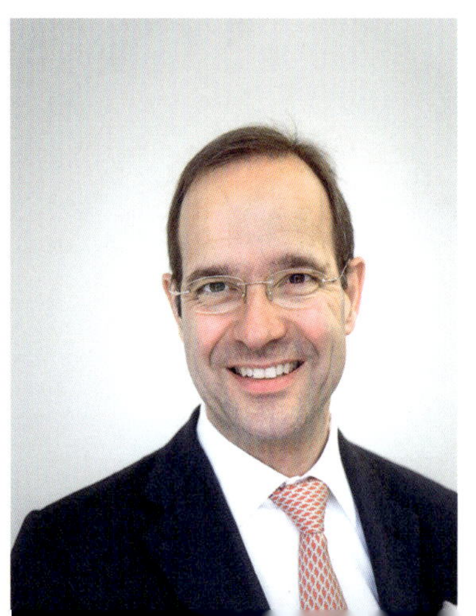

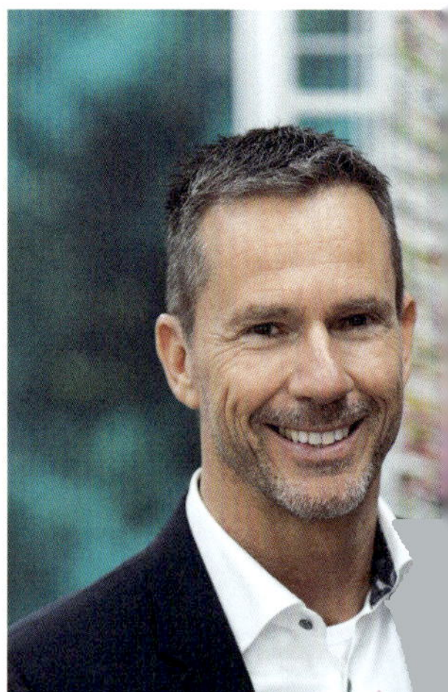

Welche Stiftungszwecke enthält die Satzung außerdem noch?

Neben den erwähnten stehen Kinder und alte Menschen im Fokus, ebenso internationale Hilfe. Das habe ich vor allem so gestaltet, um das Projekt »Haus der Hoffnung« in Japan durch die Stiftung unterstützen zu können. Der vierte Zweck ist der Denkmalschutz, der uns sehr am Herzen liegt. Wir haben ja viele Gebäude renoviert, die alle unter den Denkmalschutz fielen.

Hat es alternative Überlegungen gegeben, wem Ihr Vermögen zufließen könnte?

Wir haben zu Beginn über das Thema Zustiftung nachgedacht. Aber da hätte ich nicht alle Projekte in dem Umfang realisieren können, wie ich mir das vorgestellt habe. Die Konsequenz war, dass wir unsere eigene Stiftung gegründet haben, aber anderen die Möglichkeiten geben, ihrerseits zuzustiften. Das kann man sehr gut machen. Die Zustifter können sogar selbst bestimmen, in welche Bereiche der Stiftung ihr Geld fließen soll, indem sie sich für einen der Stiftungszwecke entscheiden.

Welche Aufgaben sollten Stiftungen in der Gesellschaft wahrnehmen?

Ich bin der Überzeugung, dass unser Staat in der Zukunft nicht mehr alle Aufgaben erfüllen kann. Es ist heute schon so, dass Stiftungen durch ihre Arbeit den Staat entlasten – gerade auf sozialem und kulturellem Gebiet. Das kann man sehr gut am Thema Museen festmachen. Was an staatlichen Neugründungen in den letzten Jahren zu sehen war, ist sehr wenig gegen das, was von privater Seite investiert wurde. Beispielsweise das Museum Barberini in Potsdam, die Sammlung Boros in Berlin in dem alten Reichsbahnbunker oder die Küppersmühle im Duisburger Hafen und das Museum Frieder Burda in Baden-Baden. Das Humboldt-Forum wäre ohne private Spenden gar nicht vorstellbar. Also geht es nicht mehr ohne Menschen, die aus ihrem Privatvermögen Geld geben. Das wird noch zunehmen.

Inwiefern?

Auf dem sozialen Gebiet wird es die Versorgung der Menschen im Alter sein, die unserer Gesellschaft zu schaffen machen wird. Ich befasse mich damit, weil meine Mutter Rente bekommt. Sie könnte davon allein nicht leben, ein gutes Altersheim könnte sie sich auch nicht leisten. Ohne Zuschuss – entweder vom Staat oder, wie in unserem Fall, von den Kindern – wäre die Existenzsicherung nicht mehr möglich. Deshalb müssen dies zum Teil Stiftungen übernehmen.

Wie hoch ist das Stiftungsvermögen?

Das Vermögen besteht hauptsächlich aus Immobilien und Beteiligungen. Die Stiftung baut das Museum, das rund 80 Millionen Euro kosten wird. Der Einbau der Cragg-Skulpturen, die Glasarbeiten von Katharina Grosse und Claudia Walde sowie die Installationen von Karl-Martin Hartmann, die fest mit dem Museumsbau verbunden sind, fehlen bei dieser Kalkulation. Die Finanzierung des Museums ist durch Ausschüttungen aus meinem Privatvermögen an die Stiftung sichergestellt. Die Baukosten wurden somit aus dem Stiftungsvermögen finanziert. Ich habe der Stiftung zehn Prozent an meiner Firma Interglobal Industrieholding GmbH geschenkt, neunzig Prozent gehören weiterhin mir. Diese Holding besaß früher die beiden Firmen in Limburg, die ich inzwischen verkauft habe. Nach meinem Tod wird die Stiftung hundert Prozent besitzen. Das bedeutet, selbst wenn die Stiftung keinerlei Gewinne machen würde, könnte sie für hundert Jahre – die Dauer des Erbbaurechtsvertrages – das Museum unterhalten. Und das Museum ist immer der erste Empfänger der Stiftungsgelder. So habe ich es festgelegt. Wenn ich nicht mehr lebe, werden zwanzig Prozent des Gewinns der Firma, die dann der Stiftung gehört, nach Abzug sämtlicher Verbindlichkeiten für das Museum für den Ankauf weiterer Bilder genutzt.

Was macht die Interglobal heute?

Die Interglobal Industrieholding GmbH verwaltet mein Vermögen. Gesellschafter sind unsere Stiftung und ich persönlich. Die Holding hat ihren Sitz in einer eigenen Immobilie in Eppstein/Taunus. Die Konstruktion sieht so aus, dass die Interglobal auf diese Weise den Bau des Museums finanziert. Und zwar schüttet sie die Gewinne inkongruent aus. Das bedeutet, die Firma kann an die Stiftung mit ihren zehn Prozent alle Gewinne ausschütten und an mich mit meinen neunzig Prozent gar nichts. So machen wir das heute, um die Finanzierung des Museumsbaus zu gewährleisten. Was an die Stiftung geht, ist steuerfrei. Ich kann so jeweils entscheiden, wie viel an die Stiftung gegeben wird, je nachdem, was gebraucht wird.

Welche steuerlichen Vorteile hatte es für Sie, eine Stiftung zu gründen?

Jeder Bürger hat in zehn Jahren einen Freibetrag von einer Million Euro pro Person. Den können Sie innerhalb der zehn Jahre verteilen. Bei dem Stiftungsvermögen, über das wir reden, spielt aber diese Steuerersparnis keine Rolle. Sie haben bei großen Vermögen, die in eine Stiftung wandern wie in unserem Fall, keinerlei steuerlichen Vorteil. Unser Museum hat uns steuerlich keinen Vorteil gebracht. Wir haben es aus unserem Vermögen der Stiftung zur Verfügung gestellt.

Würden mehr Menschen Stiftungen gründen, wenn es höhere steuerliche Anreize gäbe?

Ja. Aber wir haben hier in Europa, vor allem in Deutschland, eine eher vernachlässigte Stiftungskultur. In Amerika zum Beispiel, wo es eine viel größere Zahl von Stiftungen gibt, die extrem viel bewegen, sagt man, die Stifter hätten einen zu großen Einfluss darauf, was passiert. Das ist nicht ganz von der Hand zu weisen, aber man könnte es verhindern, indem die Kontrolle der Stiftungen verschärft und ein höherer Anreiz durch steuerliche Erleichterungen geschaffen werden. Beides zusammen wäre gut fürs Allgemeinwohl.

War es nicht von Vorteil für Sie, dass die Stiftung viele denkmalgeschützte Gebäude besitzt, die steuerbegünstigt saniert werden konnten?

Nein. Das ist vor der Gründung der Stiftung geschehen. Die Häuser habe ich entweder privat erworben und saniert oder durch meine Firma. Das heißt, meine Firma oder ich haben damals die steuerlichen Vorteile durch die Sonder-Abschreibungen genutzt. Das, was wir dadurch gespart haben, ist sofort in den Abbau von Verbindlichkeiten gewandert. Wir hatten Darlehen aufgenommen in Höhe von zwanzig Millionen D-Mark, um zu kaufen und zu sanieren. Die Überlegung war: Wenn wir es gut machen, können wir von einer Miete in Höhe von fünf bis sechs D-Mark pro Quadratmeter sehr gut leben. Das Ergebnis ist heute fast eine Vollvermietung in den Objekten. Nach der frühen Tilgung blieben noch etwa acht Millionen Euro Verbindlichkeiten übrig. Die habe ich der Stiftung zusammen mit den Liegenschaften geschenkt, nachdem ich meine beiden Firmen verkauft hatte.

Sie haben bei dem Immobilien-Eigentum einen geografischen Schwerpunkt in Sachsen. Warum?

Das liegt an meiner Vorliebe für diese Landschaft, die ich seit Langem kenne. Noch zu DDR-Zeiten war ich häufiger beruflich in Leipzig und Dresden. Mit den dortigen Universitäten haben wir zusammengearbeitet. Der Staatskonzern Robotron war dort unser größter Kunde und hat von uns Getriebe bezogen. Nach der Wende haben sich sogar einige Lehrstuhl-Mitarbeiter bei uns beworben. So haben wir Maschinenbauingenieure, in dem Fall von der TU Magdeburg und TU Dresden, für unser Unternehmen gewonnen.

Viele haben nach der Wende im Osten in Immobilien investiert und ihr Vermögen dort verloren. Warum ist Ihnen das nicht passiert?

Viele waren damals geldgierig und wussten offenbar nicht, was sie tun. Ich kann doch keine Eigentumswohnung oder ein Haus kaufen, ohne das Objekt je gesehen zu haben. In dieser Goldgräberstimmung haben viele von hier aus dort Wohnungen erworben, von denen sie nicht einmal wussten, wo sie lagen. So etwas geht komplett gegen meine unternehmerische Einstellung. Ich bin selbst hingefahren und habe in Gegenden, die ich von früher kannte, schöne, aber heruntergekommene Immobilien gefunden, die sich zu sanieren lohnten.

Warum haben Sie sich auf Häuser aus der Gründerzeit konzentriert?

Es waren auch einige noch ältere Häuser, die ich gekauft habe. Ich habe ein Faible für Häuser mit Geschichte. Das traf bei diesen Häusern, die oft sehr verwahrlost waren, zu. Erst recht aber für die Vierseit-Höfe. Das sind Bauernhöfe, die auf allen vier Seiten bebaut sind. In Sachsen gibt es sie noch sehr häufig, in Deutschland insgesamt sind sie selten geworden. Und sie haben alle eine eigene Geschichte. Je älter und baufälliger ein Objekt war, umso mehr hat es mich interessiert. Wir müssen Altes erhalten. Nur wenn ich zurückschaue, kann ich auch nach vorne etwas bewegen.

Sie sind also klassisch wie ein Bauherr immer zu den Baustellen getingelt?

Ich habe meine freien Wochenenden und zahlreiche Urlaube in den drei Jahren dort verbracht. Zusätzlich habe ich noch einen pensionierten Bauingenieur und einen weiteren Mitarbeiter hingeschickt und hatte dort ein Büro. Von dort aus habe ich selbst Aufträge an einzelne Firmen vergeben, behielt also alles selbst in der Hand. Letztlich hat das dazu geführt, dass ich diese Häuser für tausendfünfhundert bis tausendachthundert D-Mark pro Quadratmeter sanieren konnte.

Muss ein Bauherr vor Ort sein?

Nicht zwangsläufig, aber es ist sehr hilfreich. Wenn ich einen guten Architekten habe und einen guten Bauleiter, den es allerdings selten gibt, dann mag das auch funktionieren. Aber meine Erfahrung ist, dass man sich als Bauherr darum kümmern sollte, damit die Qualität stimmt. Davon bin ich überzeugt.

Verstehen Sie etwas vom Bauen?

Im Laufe der vielen Jahre habe ich mir das angeeignet, weil es mich interessiert. Begonnen hat es, als ich den Dachstuhl meines Elternhauses ausgebaut habe, in dem meine Frau und ich anfangs gewohnt haben. Das ist alles in Eigenregie entstanden. Ich habe also nicht nur Ansagen gemacht, sondern auch selbst mitangepackt und hart gearbeitet. Daher weiß ich bei vielem, wie es geht. Ich habe zum Beispiel Fliesen verlegt. Meinem Onkel habe ich assistiert, als er bei uns die Wasserleitungen und den Abfluss verlegt hat. Nur an elektrische Leitungen und an die Heizung habe ich mich nie herangetraut. Dass ich bei vielen Dingen mitreden kann, hilft mir heute. Einmal ging es um ein Handwaschbecken im Abstellraum des Museumsshops. Unsere Shop-Leiterin hatte mich darum gebeten, weil es doch eine Menge Tätigkeiten gibt, vom Kontakt mit Bargeld bis zum Auspacken, nach denen man sich gerne die Hände waschen möchte. Als ich dann aus dem Architektenbüro ein langes »Aber« zurückbekam, habe ich geantwortet: »Ich will überhaupt kein Aber hören. Sie verlegen dort ein Fünfziger-Abflussrohr, gehen durch diese Ständerwand und auf der anderen Seite hängen Sie das Becken auf.« Damit war das Thema erledigt. In solchen Fällen hilft ein bisschen Erfahrung aus der Praxis. Woher ich das weiß, fragen die Leute inzwischen nicht mehr. Sie haben gemerkt, dass ich mich auskenne, und aus welchen Gründen ich etwas haben möchte. Wenn ich einmal falsch liege, etwa weil es mittlerweile neue Baumaterialien gibt, nimmt man mir das nicht krumm.

Es gibt auch in Limburg eine Liegenschaft, die zur Stiftung gehört.

Das ist der Walderdorffer Hof, den habe ich von dem Grafen von Walderdorff gekauft. Ein rotarischer Freund, Jürgen Ebel, hatte mich hingeführt. Ziemlich schnell war ich entschlossen, den Hof zu kaufen und eine Sanierung zu realisieren. Das Gebäude war total heruntergekommen. Die Kaufverhandlungen zogen sich zwei Jahre hin, ich habe sicher zu viel gezahlt für das Gebäude. Die Stadt, der die Ruine in der Limburger Altstadt ein Dorn im Auge war, hat einen Dummen gesucht. Nun, der

Dumme war ich. Aber es handelt sich um ein wunderschönes Stadtpalais aus dem Frühbarock. Eines der schönsten Altstadthäuser in Limburg und mit tausendsechshundert Quadratmetern Grundstücksfläche das größte Anwesen in der Limburger Altstadt, bestehend aus einem Haupthaus, aus Nebengebäuden, einer Scheune und Stallungen. Das Palais habe ich umgebaut zu Büros und Wohnungen, später habe ich das Gebäude der Stiftung geschenkt.

Viele sagen, einmal im Leben zu bauen, reiche komplett. Wie kommt es, dass Sie noch so ausgeruht wirken, obwohl Sie geschätzt mehr als ein Dutzend Mal gebaut haben? Das muss doch viel Nerven gekostet haben.

Es kostet Nerven, aber wenn man es mag, spielt das keine Rolle. Ähnlich verhält es sich, wenn ich eine Firma aufbaue. Die wichtige Frage ist doch, sehe ich darin einen Sinn? Ich habe immer einen Sinn darin gesehen, alte Sachen zu bewahren. Viel zu selten schauen Menschen zurück. Sie wollen immer etwas Neues und sehen oft nicht, dass vieles schon einmal dagewesen ist. In unserer Firma ging es einmal um Werbung für eines unserer Produkte, ein Getriebe. Da habe ich gesagt, guckt doch mal ins Archiv, so ungefähr zwischen 1973 und 1976. Da haben sie festgestellt, dass genau die Art von Werbung

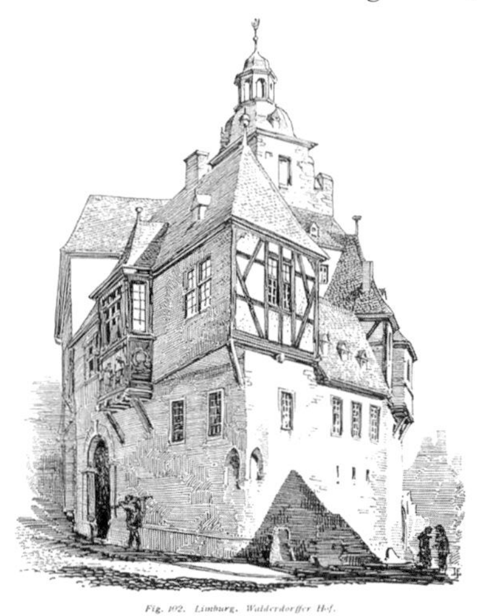

Fig. 102. Limburg. Walderdorffer Hof.

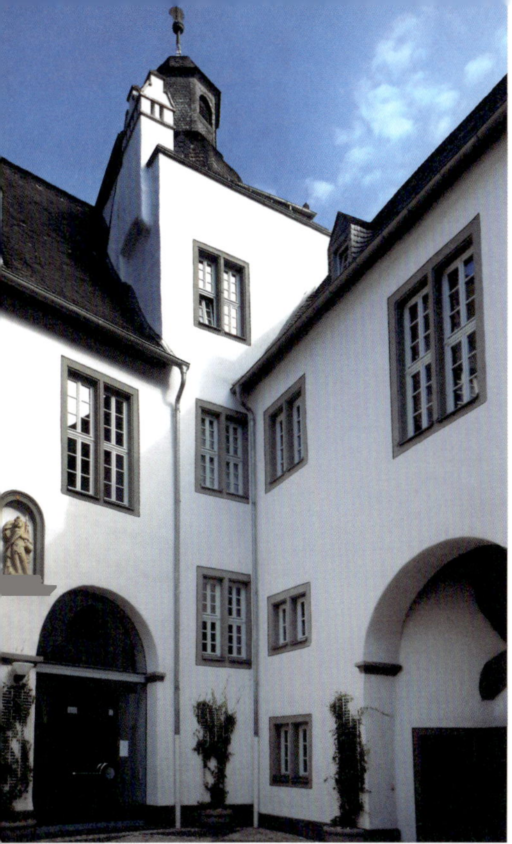

Das Stadtpalais Walderdorffer Hof in Limburg

schon vor fünfundzwanzig Jahren gemacht worden ist. Es war einfach vergessen worden. Die Menschen gucken immer nur nach vorne, wir müssen aber auch zurückschauen, um zu sehen, was früher alles gut gemacht wurde, und was wir für die Zukunft nutzen können.

Was auch für Immobilien gilt?

Besonders für diese. Es ist eine Schande, wenn schöne, alte Häuser verfallen und anschließend abgerissen werden. Wenn Sie solch ein Haus erneuern, erfahren Sie viele Dinge. Man stößt zum Beispiel auf einen geschnitzten Balken, der vorher gar nicht zu sehen war und der noch eine Jahreszahl aus dem vorangegangenen Jahrhundert trägt, oder man findet in diesen Vierseithöfen oft alte Steintröge, die sonst verlorengegangen wären. Heute dienen sie als Wasserspiel für Kinder. Eine wichtige Voraussetzung ist, dass man sich viel Zeit nimmt. Es ist teurer und zeitaufwendiger, ein altes Haus zu sanieren, als ein neues zu bauen. Deshalb komme ich heute auch nicht mehr dazu. Man muss sich kümmern. Das Flair eines alten Hauses kann man mit einem Neubau nicht schaffen.

Mit der Stiftung haben Sie einige besondere Projekte angeschoben oder gefördert. Über die Musikschule in Eppstein haben wir schon gesprochen. Mindestens genauso wichtig war Ihnen das »Haus der Hoffnung« in der japanischen Stadt Natori nach dem Tsunami 2011. Wie kam es zu dieser Idee?

Das hängt mit unseren Beziehungen zu Japan zusammen. Wir haben dort viele Freunde. Seit 1972 fahre ich regelmäßig nach Japan. Für mich ist es fast eine zweite Heimat geworden. Auch meine Frau ist schon oft mitgefahren. Sie blieb manchmal bei Freunden, während ich geschäftlich unterwegs war.

Was fasziniert Sie an Japan?

Landschaft, Geschichte und Menschen. Die japanische Landschaft ist sehr stark durch Gebirge geprägt, zweiundneunzig Prozent der Landfläche ist gar nicht für menschliche Siedlungen nutzbar, deshalb sieht es so aus, als gäbe es zwischen Tokio und Osaka nur eine einzige Stadt. Also sind nur acht Prozent bewohnbar und der Rest sind Wälder und Berge. Das oft von mir besuchte Harmonic Drive-Werk in Hotaka in der Nähe von Nagoya liegt mitten in Reisfeldern. Zwei Kilometer weiter geht es schon in die Berge, wunderschön, besonders im Herbst. Dort steht ein Hotel, in dem ich oft gewohnt habe.

Haben Sie dort auf der ausgerollten Futonmatte geschlafen?

Dieses Hotel ist erst in den Achtzigerjahren gebaut worden, aber auf meinen Japan-Reisen in den Siebzigerjahren habe ich noch auf einer Futonmatte geschlafen. Sie kamen in einen ansonsten leeren Raum, in dem schon zwanzig bis dreißig Leute schliefen. Ich habe nie einschlafen können. Da wurde geschnarcht und dann noch am nächsten Tag das gemeinsame Bad – damals war das für mich neu und ungewohnt.

Und die Geschichte?

Auch die japanische Geschichte ist interessant. Man hat sich erst im 20. Jahrhundert der Welt richtig geöffnet und sie erkundet. Der Vater eines Freundes beispielsweise hat in Dresden bei Professor Barkhausen Elektrotechnik studiert. Er war vom japanischen Militär nach Europa geschickt worden. Die Verbindungen zwischen unseren Ländern waren damals schon eng, sowohl militärisch wie verwaltungstechnisch. Vieles hat Japan von den Deutschen übernommen, einen Teil unseres Bürgerlichen Gesetzbuches zum Beispiel. Diese engen Beziehungen hängen damit zusammen, dass die Denkweise der Menschen bei uns und dort sehr ähnlich ist. Das gilt vor allem für Tugenden wie Zuverlässigkeit, Disziplin, Leistungsdenken. Was Ordnung und Sauberkeit angeht, hat sich das Land seit den Siebzigerjahren verändert – heute wird dort sehr viel mehr Wert auf Sauberkeit gelegt als damals. Mittlerweile haben sie unsere Art übernommen. Es gab früher nie Menschen, die unter der Brücke geschlafen haben. Die sehen Sie aber heute. Wir haben mit Japan vieles gemeinsam. Es gibt aber auch Unterschiede, beispielsweise, wie man Entscheidungen in Firmen trifft. Daraus habe ich vieles gelernt.

Haben Sie auch Produktionsmethoden aus Japan übernommen?

Ja das haben wir. Das war allerdings schwierig, da es oft keine Zeichnungen gab, und wenn, dann nur in japanisch und natürlich nicht entsprechend der DIN. In unserer japanischen Gesellschaft war man zum damaligen Zeitpunkt nicht darauf vorbereitet, Lizenzen zu vergeben. Aber nach zwei Jahren haben wir in Limburg gefertigt.

Sie mögen die Menschen in Japan.

Sie sind uns ähnlich, und wenn sie Freundschaften eingehen, halten die oft ein Leben lang. Das überträgt sich auf die folgenden Generationen. Die Kinder meines Freundes Mitsumasa Ito sind in Deutschland geboren und waren bei uns wie zu Hause. Man ist regelmäßig in Kontakt, besucht sich gegenseitig. Diese enge Freundschaft war 2011, nach dem Tsunami, auch der ausschlaggebende Punkt. Meine Frau saß vor dem Fernseher und rief: Komm mal runter und schau, was da passiert! Man sah auf dem Bildschirm eine Flutwelle, die sich durch den Flughafen Sendai schob, fünfzig Kilometer entfernt von Natori. Wir haben an diesem Abend Stunden vor dem Fernseher verbracht. Anschließend haben wir alle unsere japanischen Freunde angerufen und gefragt, ob sie in irgendeiner Form betroffen waren. Damals bestand die Gefahr, dass eine radioaktive Wolke bis nach Tokio zog. Ich hätte in Gebäuden in Limburg ein paar Familien unterbringen können. Es hat zwei Tage gedauert, bis wir fast alle erreicht hatten. Keiner hat das Angebot angenommen, aber alle haben sich sehr bedankt. Das hören wir noch heute. Trotzdem war für uns klar, dass wir etwas unternehmen müssen. Nur Geld zu geben kam nicht in Frage. Ich habe meinen Freund Fumihiko Maki angerufen, den Architekten, der unser Museum gebaut hat. Er fand die Idee toll und sagte spontan, ich helfe dir. Er kannte den Bürgermeister von Natori, weil er dort

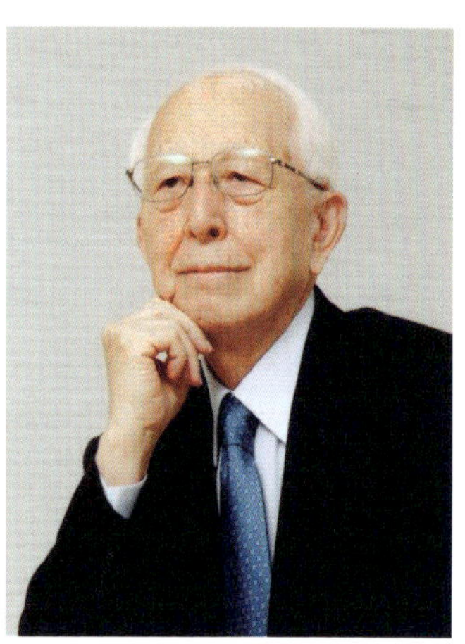
Fumihiko Maki

die Stadthalle gebaut hatte. Natori war mit ungefähr tausend Toten und rund zwölftausend Obdachlosen sehr stark von dem Tsunami betroffen. Ein ganzes Fischerdorf war verschwunden. Viele Kinder wurden zu Waisen. Auf unser Angebot hin musste erst einmal eine geeignete Fläche in der Stadt gesucht werden. In der Nähe der Stadthalle fand sich ein Grundstück für ein Begegnungszentrum. Es ging sehr schnell, wir brauchten gerade einmal neun Monate von der Entscheidung bis zur Fertigstellung.

Welchen Zweck erfüllt das Gebäude genau?

Dort treffen sich Kinder und alte Menschen. Wir haben gesehen, wie Menschen in Containern gewohnt haben. In einem Fall hat von einer Familie nur der Großvater mit seiner Enkelin überlebt. Die Kleine ging zwar morgens in die Schule, aber die beiden saßen danach immer in demselben Raum. Sehr schwierig. Als das Gebäude fertiggestellt war, konnten die Kinder mittags in das Begegnungszentrum gehen. Dort werden sie von Pädagogen betreut, Maki hat einen Flügel gespendet zum Musizieren. Die Älteren haben mitgeholfen, sich um die Kinder zu kümmern. Der Bedarf ist noch da, denn es gibt bis heute nicht für alle Menschen wieder normale Wohnungen, sondern es leben immer noch einige in Containern. Das Gebäude ist nicht einmal groß, aber es hat sehr geholfen. Bis heute. Jeden Tag ist dort viel los. Jedes Jahr schickt mir der Bürgermeister eine Aufstellung der täglichen Besucherzahlen. Darin steht, an welchen Tagen wie viele Leute da waren. Das Besondere am Gebäude ist die Bauweise aus Holz, das übrigens sehr gut für erdbebengerechtes Bauen geeignet ist. Deshalb gibt es in dieser Gegend traditionell viele Holzhäuser. Maki hat gemeinsam mit mir die Pläne gemacht, hat sich um alles gekümmert, einen Generalunternehmer eingesetzt und keinen Cent dafür verlangt. Im

Gegenteil, wenn ich nach Japan kam, hat er es sich nicht nehmen lassen, meine Bahnkarte erster Klasse von Tokio nach Natori zu bezahlen. Insgesamt hat der Bau zwei Millionen Euro gekostet.

Gibt es neben diesem Projekt, dem Museum und der Musikschule weitere konkrete Zwecke, die Sie fördern?

Es gibt das eine oder andere, das wir unterstützen, wo wir der Meinung sind, da muss man helfen. Aber grundsätzlich gilt unsere Festlegung, dass wir nur eigene Projekte aufsetzen. Meine Methode ist es, eine Sache von der Idee bis zur Umsetzung selbst zu verfolgen – zum Besten der Menschen, für die sie gedacht ist.

Auch als Hilfe zur Selbsthilfe?

Das ist ein sehr wichtiger Aspekt. In Japan ist das passiert. Viele der Bewohner haben mitgeholfen. Täglich waren Einheimische als Hilfsarbeiter am Bau. Ich erinnere mich an einen Mann, der damals ungefähr fünfund-

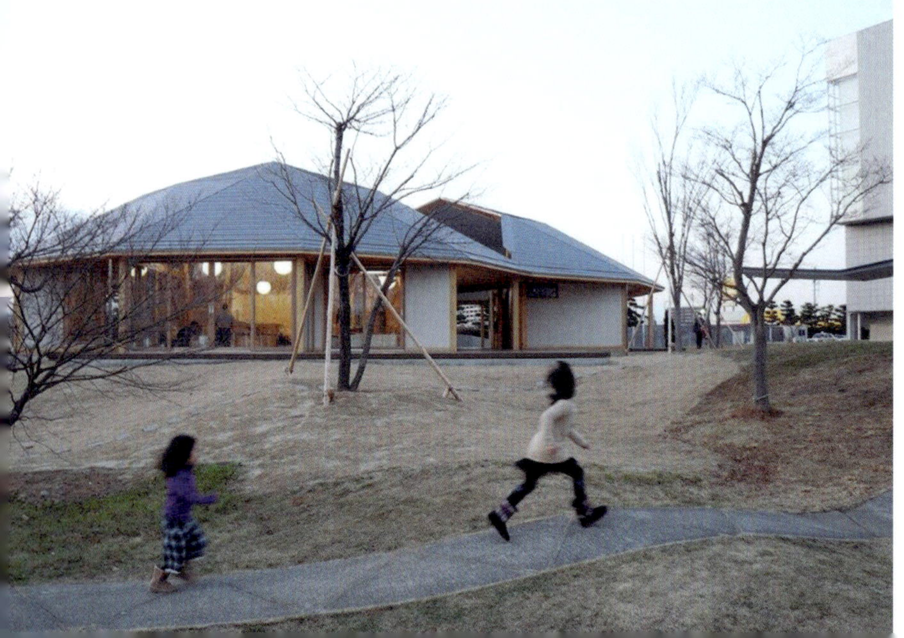

siebzig Jahre alt gewesen sein muss, er war von Beruf Zimmermann. Er kam jeden Tag zur Baustelle. Ich habe ihn dort kennengelernt; man hat ihn mir mit den Worten vorgestellt, das ist unser Polier.

Zur Vorgeschichte des Museums. Die Stiftung gab es früher als das Museum?

2004 wurde die Stiftung gegründet, damals stand unser soziales Engagement im Vordergrund. Meiner Frau war es wichtig, dass wir uns für alte Menschen und Kinder einsetzen. Daraus entwickelte sich der Plan, das »Haus der Hoffnung« zu bauen. Die Idee für das Museum entstand 2008 aus der Erkenntnis, dass ich nicht mehr alle Bilder zu Hause hängen kann, also Sammler geworden bin. Die Stiftung war nicht von Anfang an begütert. Wir haben erst im Laufe der Jahre viel angespart. Aus unserem Vermögen haben wir zunächst jährlich vielleicht hunderttausend Euro ausgeschüttet. Damit konnte man noch nicht viel bewegen. Erst als ich die Stiftung mit zehn Prozent an meiner Firma beteiligt hatte, stiegen die Zuflüsse. 2016 folgte die Musikschule in Eppstein mit zwei Millionen Euro.

Die ursprüngliche Idee war, das Museum in Limburg zu bauen?

Meine Firmen, die ich damals besaß, liegen in Limburg-Offheim, rechts der Autobahn Richtung Köln. Die Stadt hatte sich mir gegenüber sehr hilfsbereit gezeigt, ich hatte die Industriegrundstücke für einen sehr guten Preis bekommen – fast geschenkt, könnte man sagen. Das haben wir zwar mit der Gewerbesteuer hundertfach zurückgezahlt, aber als ich anfing, war es noch nicht so. Es war eine Vorleistung der Stadt und das habe ich nicht vergessen. So ist meine Denkweise, weshalb die Commerzbank auch noch immer meine Hausbank ist. Sie war die einzige Bank, die mich damals finanziert hat.

Das Begegnungszentrum in Natori

Wo stehen die Unternehmen heute als Steuerzahler in Limburg?

Mittlerweile steht Harmonic Drive bestimmt weit vorne. Und die OVALO GmbH entwickelt sich. Aber es geht ja nicht nur um die Gewerbesteuer. Bei der OVALO GmbH wurden hundert Arbeitsplätze geschaffen, bei Harmonic Drive mehr als vierhundert. Hochqualifizierte Mitarbeiter, Maschinenbau- und Elektroingenieure, einige promoviert, außerdem sehr gut ausgebildete Facharbeiter an den Maschinen. Unsere Ausbildungsquote betrug jedes Jahr zehn Prozent, die Auszubildenden wurden übernommen. Ich sage immer noch »wir«. Die Zahl der Mitarbeiter ist für die Stadt fast wichtiger, denn sie behält ihren Anteil an der Einkommens- und Lohnsteuer. Die Summe liegt deutlich über der Gewerbesteuer, wie man mir sagte. So lautete mein Entschluss, wenn ich ein Museum baue, dann in Limburg. Meine Vorstellungen, über die ich mit dem Bürgermeister gesprochen habe, waren schon ziemlich klar. In der Stadt selbst gab es keine so große Fläche, ein Gewerbegebiet kam für mich nicht in Frage. Es sollte ein Grundstück an der Autobahn sein, sodass man von dort aus das Gebäude sehen kann. Ich selbst habe das erlebt. Jahrelang fährst du an einem Museum vorbei, und irgendwann fährst du ab und gehst rein. Wir haben ein geeignetes Grundstück gefunden an der Ausfahrt Limburg-Süd, also dort, wo der ICE-Bahnhof liegt. Zwischen Autobahn und Straße gab es ein langgestrecktes Gelände, circa fünfzigtausend Quadratmeter groß. Wir würden das Grundstück bekommen, hat mir der Bürgermeister zugesagt. Das Museum hätte anders ausgesehen als in Wiesbaden. Maki war vor Ort und hatte Entwürfe erstellt. Das Gebäude ging einstöckig in die Fläche, fünf Meter hoch, die einzelnen Teile ineinander verschachtelt. Mit einem Skulpturenpark. Wir hätten also eine völlig andere Struktur gehabt als in Wiesbaden.

Warum kam es dann doch nicht zur Realisierung?

Ich hatte Bedingungen gestellt: Wenn ich das mache, möchte ich das Grundstück gratis gestellt bekommen, und ich erwarte, dass fünfundsiebzig Prozent der Stadtverordneten der Entscheidung für ein Museum zustimmen.

Warum?

Ich wollte nicht, dass es vor jeder Wahl wieder erneut zu großen Diskussionen kommt, nach dem Motto: Überall müssen Schwimmbäder und andere Sportstätten geschlossen werden und stattdessen wird so ein Museum gebaut. Mit einer Mehrheit von fünfundsiebzig Prozent hätte man diese dann unsinnige Diskussion vermeiden können. Nach dem damaligen Kräfteverhältnis hätten SPD, CDU und FDP komplett zustimmen müssen. Außerdem sollte sich die Stadt mit einem gewissen Prozentsatz, maximal über die Dauer von zehn Jahren mit fünfhunderttausend Euro jährlich, an den laufenden Ausgaben beteiligen. Wie kam ich zu diesen Forderungen? Meine Firma hat das Mehrfache dieses Betrags pro Jahr an Gewerbesteuer gezahlt. Das war eine wichtige Einnahmequelle für die Stadt, und ich fand es nur fair, dass sie unser Projekt zugunsten der Allgemeinheit mit einem gewissen Prozentsatz unterstützten. Das Ende vom Lied: Bei einer Probeabstimmung im Stadtparlament stimmten 60 Prozent der Stadtverordneten zu. Damit war das Thema »Museum in Limburg« erledigt.

Was waren die Argumente der Gegner?

Sie haben die Sanierung von Schwimmbädern und den Bau von Kindergärten gegen den Bau des Museums aufgerechnet.

Hat der Umstand, dass Sie abstrakte Kunst zeigen wollten, für Ablehnung gesorgt?

Nein, es war im Detail noch gar nicht bekannt, welche Art von Bilder gezeigt worden wären. Das hat bei der Abstimmung gar nicht interessiert.

Haben Sie bereut, dass Sie Ihre Bedingungen so hoch angesetzt hatten?

Nein, es war genau der richtige Weg. Bei der Abstimmung selbst war ich nicht dabei. Der Bürgermeister hat mich abends angerufen und informiert. Mein Eindruck war, dass er selbst mehr hätte tun können. Das habe ich ihm später auch gesagt. Ausgerechnet Stadtverordnete, die mir vorher versichert hatten, das würde alles glatt gehen, haben sich in der entscheidenden Sitzung dagegen geäußert. Es ging also schief, meine Absage habe ich nie bereut.

Waren Sie gar nicht enttäuscht?

Doch, sehr, wir hatten ja auch viel investiert. Der Architekt Maki war hier, wir hatten Modelle gebaut, die Planung hatte mich schon hunderttausend Euro gekostet. Aber die wesentliche Enttäuschung war, dass die Verantwortlichen diese riesige Chance, die sich der Stadt bot, nicht sehen wollten.

Hieß die Alternative für Limburg gleich Wiesbaden?

Nein, erstmal war ich so enttäuscht, dass ich ein ganzes Jahr überhaupt nichts unternommen habe. Dann kam aber schon Wiesbaden ins Spiel. Mit dem damaligen Oberbürgermeister Dr. Helmut Müller, der sich sehr dafür eingesetzt hat, haben wir eine ganze Reihe möglicher Bauplätze inspiziert. Im Gespräch war der Paulinenhang, aber der durfte als Frischluftschneise nicht bebaut werden. Angeboten wurde mir auch ein

Grundstück im Biebricher Gewerbegebiet und eines am Schlachthof, also beides außerhalb der City.

Gab es einen dritten Weg neben Limburg und Wiesbaden?

Ein Mitglied des Stiftungsrates kommt aus Dresden und war Berater des damaligen Ministerpräsidenten Milbradt. Der Freund führte erste Gespräche und bot mir anschließend an: Wenn du dich für Dresden entscheidest, bekommst du alles. Ein Grundstück erster Wahl und deine fünfhunderttausend Euro Kostenzuschuss. Und du kannst bei allem, was du tust, auf politische Unterstützung zählen. Du musst nur herkommen.

Warum haben Sie das Angebot nicht angenommen?

Wenn ich schon viel Geld investiere, mich von dem Großteil meiner Bilder trenne, die zum Teil bei mir zu Hause hingen, dann wollte ich das Museum in meiner Nähe haben und damit die Möglichkeit, jeden Tag dorthin zu gehen. Zehn bis zwölf Kilometer zu fahren, wäre okay gewesen, aber am liebsten wollte ich es in der Stadt haben, in der ich wohne. Damit war das Thema erstmal für Jahre vom Tisch. Bis es in Wiesbaden zu dem Eklat kam, der mein Glück war. Das Museum ist meines Erachtens das Beste, was der Stadt hatte passieren können.

Mit dem Eklat meinen Sie das Scheitern des Projekts Stadtmuseum. Warum, glauben Sie, ist aus dem Vorhaben nichts geworden?

Das Grundstück hat man an einen privaten Bauträger verkauft, der eine entsprechend hohe Miete vom Stadtmuseum gefordert hätte. Das hätte man aber vorher wissen und verhindern müssen. Dem Architekten Helmut Jahn hat man vorgeworfen, so etwas wie eine Tankstelle entworfen zu haben. Dem hat man wahrscheinlich nie gesagt, was dort ausgestellt werden sollte und was man konkret vorhatte. Der Informationsfluss war offenbar ausgesprochen schlecht gewesen, sonst hätte das Modell für das Museum anders ausgesehen. Die Stadt hat sich damit selbst eine Falle gestellt. Allerdings hat sich Jahn sicher nicht solche Mühe gegeben wie mein Architekt Maki. Der kennt alle meine Bilder, hatte von allen eine Abbildung, war bei mir im Depot. Trotzdem war es schade, dass das Projekt Stadtmuseum gescheitert ist.

Sie hätten ein Stadtmuseum an dieser Adresse gut gefunden?

Auf jeden Fall. Ich hätte es viel, viel besser gefunden als beispielweise ein Hotel. Das wäre für mich ein Sakrileg gewesen. Damit wäre die Allgemeinheit ausgeschlossen gewesen. An der Wilhelmstraße 1 sollte etwas für die Wiesbadener gebaut werden.

Sind Sie bei den Wiesbadenern geduldiger geworden? Denn Sie haben sich hier in der Stadt die Hacken abgelaufen, um Unterstützung für Ihre Idee zu finden, dann haben Sie auf die recht hohe Zustimmungsquote im Stadtparlament verzichtet und Sie übernehmen die Folgekosten komplett.

Das hat Gründe. Die halbe Million Folgekosten waren deshalb hier kein Thema für mich, weil ich in Wiesbaden keine Gewerbesteuer zahle. Meine wichtigste Bedingung war ein sehr gutes Grundstück. Dass es sogar die Wilhelmstraße 1 geworden ist, damit hatte ich nicht gerechnet.

Wie haben Sie die weitere Entwicklung gesehen, die zum Bau Ihres Museums führte?

Nach dem Scheitern des Stadtmuseums haben die Stadtverordneten erst einmal den Bau eines Hotels an der Stelle beschlossen. Dabei blieb es nicht.

Aus den Fraktionen und aus der Bevölkerung heraus kam Widerstand. Der Kompromiss aus dem Büro des damaligen Oberbürgermeisters Sven Gerich lautete, wir machen eine Bürgerbeteiligung. Dazu wurden interessierte Bürger und Bürgerinnen an mehreren Tagen eingeladen, ihre Vorstellungen in Arbeitsgruppen auszuarbeiten und vorzustellen. Am Ende dieser Phase wurde unter den Anwesenden abgestimmt, welches Projekt die meiste Sympathie fand. Ich war kampfunfähig, war gerade dabei, meine Firmen zu verkaufen und lag dazu noch zehn Tage im Krankenhaus. Ich hatte also keine Zeit, mich selbst zu kümmern. In dem Moment fragte mich Alexander Klar, der damals das Landesmuseum leitete, ob er meine Sache vertreten dürfe. Einen Besseren konnte ich mir gar nicht vorstellen, weil er sich sehr für das Projekt begeistert hat. Gemeinsam mit einigen Helfern hat er die Hauptaufgabe gemeistert. Er kann sehr gut reden und überzeugen und er war ein großes Glück für mich. Am Ende hat er mit »seiner« Museums-Idee mit Abstand alle anderen Ideen überboten. Fast siebzig Prozent der Menschen, die beteiligt waren, haben für das Museumsprojekt gestimmt. Sicherlich auch in dem Wissen, dass mein Projekt das einzige war, das die Stadt nichts kosten würde. Dann ging alles sehr schnell, allerdings unter Druck. Den habe ich dann schon gemacht.

Wie haben Sie Ihre Idee vor den Politikern in der Stadt vertreten?

Bevor es eine endgültige Entscheidung der Stadtverordnetenversammlung gab, habe ich mein Museumsprojekt in allen Fraktionen präsentiert. Gut kann ich mich an meine Vorstellung bei der Linken erinnern, wo es eine kleine Diskussion mit dem Vorsitzenden gab. Als dieser meinte, das Geld, Herr Ernst, das Sie hier investieren, das haben Sie ja nicht selbst verdient, sondern Ihre Mitarbeiter, habe ich ihm Recht gegeben. Das Geld hätte ich auch meinen Mitarbeitern zu verdanken. »Deshalb behandele ich meine Mitarbeiter auch gut. Aber vergessen Sie nicht, ohne mich hätte keiner Arbeit gehabt. Einer muss da sein, der die Ideen hat, der das Risiko übernimmt und der das Ganze führt. Und dafür muss er auch entlohnt werden. Das nennt man Unternehmerlohn. Ohne diese Unternehmer gäbe es die Wirtschaft nicht.« Ich habe ihn dann noch mit der Gegenfrage konfrontiert, ob er schon einmal nicht geschlafen habe, weil er seinen Mitarbeitern womöglich das Weihnachtsgeld nicht hätte auszahlen können. Darauf gab es keine Antwort. Meiner Erinnerung nach war dann auch die Mehrheit der Linken-Fraktion für das Projekt.

Hatten Sie neben Ihrer Präsentation in den Fraktionen auch schriftliches Material vorbereitet?

Auf Bitten des Oberbürgermeisters haben wir innerhalb kürzester Zeit eine Broschüre gemacht. Die hat er sich angeguckt, nach acht Tagen kam die Antwort aus dem Rathaus: Das ist zu elitär, das können wir nicht nehmen. Daraufhin hat die Stabsstelle des Oberbürgermeisters eine neue Broschüre erstellt. Die wurde eingeleitet durch ein Vorwort des Oberbürgermeisters. Mir war wichtig, dass die Stadtverordnetenversammlung im Dezember 2017 unserem Vertragsvorschlag einstimmig zugestimmt hat. Gespürt hatte ich die Zustimmung schon in meinen Gesprächen in allen Fraktionen.

Wie war Ihre Gefühlslage, als die endgültige Entscheidung zu Ihren Gunsten ausging? Auch Angst vor der eigenen Courage?

Letzteres kenne ich nicht, weil ich mir vor Entscheidungen immer ausreichend Gedanken über die Folgen mache. Aber ich war sehr zufrieden, der Einsatz hatte sich gelohnt. Zum Beispiel war Architekt Maki extra für einen Tag angereist und hatte seine Pläne dem Bauausschuss vorgestellt. Auch der Gestaltungsbeirat war sehr angetan. Und mein Vater hatte einmal wieder recht gehabt mit seinem Spruch: Es kommt oft etwas Besseres nach. Es war also letztlich gut, dass es in Limburg nicht geklappt hatte.

Lief dann alles wie gewünscht?

Es gab noch manch harte Verhandlung. Aber wir konnten unsere ehrgeizigen Vorstellungen zum Zeitplan, zum Erbbaurecht und zur Baugenehmigung durchsetzen. Wenn man keinen Druck macht, passiert nichts. Die Entscheidung im Stadtparlament fiel am 21. Dezember 2017, einen Tag später haben wir den Vertrag über das Erbbaurecht im Rathaus unterschrieben. Zu dem Zeitpunkt war ich schon in Vorleistung getreten und hatte die Verträge mit den Architekten bereits vereinbart. Sonst hätten wir den Zeitrahmen nicht gehalten.

KAPITEL FÜNF

»Ich habe immer versucht, die besten Leute zu holen.«

Über Mitarbeiter im Unternehmen und im Museum, Teamgeist, Menschenkenntnis, Leistungsbereitschaft und gute Bezahlung

Sie waren lange Zeit als Angestellter tätig, erst in anderen Firmen, dann in Ihrem späteren eigenen Unternehmen. Wann haben Sie gemerkt, dass Sie gerne selbst Unternehmer mit damit verbundener Verantwortung sein möchten?

Der Wunsch tauchte schon nach meiner Lehre auf. Das Bedürfnis, selbst etwas zu machen, aber auch die Verantwortung dafür zu übernehmen, hatte ich schon immer. Meine erste Idee war, eine Spedition zu gründen. Dass es sich anders entwickelt hat und dass ich schließlich zu Harmonic Drive kam, war eher Zufall.

Nach zehn Jahren als Angestellter haben Sie 1981 mit Kollegen das Unternehmen übernommen.

Dazu muss man wissen, dass wir in dem sehr kleinen Unternehmen, mit anfangs sechs Leuten, schon früh eigeninitiativ werden mussten, sonst wären wir nach dem ersten Jahr pleite gewesen. Ich habe mich 1971 neben der Logistik schon bald um den Vertrieb und das Marketing außerhalb Deutschlands, innerhalb Europas gekümmert. Zum Zeitpunkt der Übernahme waren wir noch ein reines Vertriebsunternehmen, die Eigentümer hatten aber schon Pläne, eine Fertigung in Deutschland anzusiedeln. Anlass für die Übernahme durch uns leitende Angestellte waren Entscheidungen in Japan und den USA, sich von ihren Firmenanteilen zu trennen. Als wir erfuhren, dass das Unternehmen verkauft werden sollte, sind wir zu viert initiativ geworden. Wir haben dann fünfzig Prozent von Harmonic Drive übernommen, die andere Hälfte blieb bei einem japanischen Unternehmen als stille Beteiligung. Keiner von uns hatte Geld und wir mussten uns alles bei Banken leihen. Es ging damals in Japan und Deutschland um hundertvierzig Arbeitsplätze. Die Verkäufer haben uns praktisch gezwungen, Eheverträge mit unseren Frauen abzuschließen, um zu verhindern, dass das Unternehmen bei einer Scheidung in Mitleidenschaft gezogen würde. Keiner von uns hatte Probleme damit. Wir hatten den Vorteil, dass der Direktor einer Großbank in Langen, wo das Unternehmen damals seinen Sitz hatte, uns gut kannte, vertraute und den Kredit durch den Aufsichtsrat geboxt hat. Damals begann das Thema Robotik richtig interessant zu werden. Dem Bankdirektor habe ich damals versprochen, dass wir unsere Schulden binnen drei Jahren zurückzahlen würden. Das hat er mir nicht ganz geglaubt. Die Sicherheit für die Bank bestand in den Anteilen am Unternehmen, in meinem Fall vierundzwanzig Prozent. Wir haben uns alle privat hoch verschuldet, auch Grundstücke beliehen. Aber nach drei Jahren waren wir schuldenfrei. Alles lief wie geplant und die Robotik hat uns extrem in die Karten gespielt.

Wie kam es zu der Entscheidung, neben dem Vertrieb eine Fertigung aufzubauen?

Ich wurde bei Kunden immer häufiger darauf angesprochen, wie risikoreich es sei, dass alle Teile aus Japan importiert werden mussten. Unterstützt haben mich bei der Überlegung vor allem Leute von VW und von ASEA in Schweden, die uns immer wieder sagten: Sie müssen hier fertigen. Für mich war das schlüssig, wenn es auch nie einen Grund gab, mich über die Lieferfähigkeit aus Japan zu beschweren. Meine Kollegen aus der Geschäftsleitung zögerten. Die konnten sich allenfalls eine kleine Fertigung vorstellen, wollten aber ansonsten alles so lassen, wie es war. Das führte schließlich zum Ausstieg meiner Geschäftspartner, den ich erneut über Banken finanzieren musste. Mir half, dass der stille japanische Teilhaber die Teile des Unternehmens, die noch in Japan angesiedelt waren, gerne ganz übernehmen wollte. Gewissermaßen im Tausch habe ich alle

Anteile des deutschen Unternehmenszweigs gekauft. Die Kontakte nach Japan rissen deshalb aber nicht ab, weil wir über die Logistik verbunden und voneinander abhängig waren.

War die alleinige Unternehmensführung eine Erleichterung für Sie?

Es war einfacher. Ich habe im Jahr 2000 das Unternehmen in eine nicht börsennotierte Aktiengesellschaft umgewandelt. Wieder standen Investitionen in Maschinen an, ebenso der Bau neuer Gebäude in Limburg, wohin wir 1988 von Langen aus gezogen waren. Auf Limburg fiel die Wahl, weil wir an der A3 in Nähe zum Flughafen Frankfurt bis Limburg nichts Akzeptables finden konnten. Geholfen haben uns meine Westerwälder Beziehungen. Der Deal war sehr günstig. Für den Quadratmeter haben wir fünf D-Mark gezahlt bei einer Gesamtfläche von sechsunddreißigtausend Quadratmetern. In der Zeitung stand, die Stadt Limburg verschleudere ihr Gewerbegebiet. Vier Jahre später waren wir der zweitgrößte Gewerbesteuerzahler der Stadt. Wir hatten innerhalb kurzer Zeit das Personal mehr als verdreifacht von achtzehn auf sechzig, meist hochqualifizierte Mitarbeiter. Als ich 2016 die beiden Unternehmen verkaufte, beschäftigte Harmonic Drive etwa vierhundert und die OVALO GmbH rund achtzig Mitarbeiter. Die OVALO GmbH, die ich 2006 gegründet hatte, befasst sich ausschließlich mit Automotive, also mit allem, was für die Automobilindustrie, beziehungsweise Mobilität wichtig ist. Harmonic Drive konzentrierte sich hauptsächlich auf Anwendungen im Maschinenbau, wie zum Beispiel Robotik. Um meine Mitgesellschafter auszahlen zu können, habe ich mir Partner gesucht. Letztlich lagen noch siebzig Prozent bei mir, wodurch ich die Entscheidungshoheit behielt.

Haben Sie jemals Berater engagiert?

Nein, keine professionellen Berater. Nützlich sind Berater sicherlich, wenn man wissen muss, wie man mit Banken verhandelt oder wie man mit Personal umgeht. Aber um etwas von null aufzubauen, braucht es keine Berater, sondern Unternehmer. Mir hat eher geholfen, mit anderen Unternehmern zu reden. Meine Firma habe ich so aufgebaut, dass sie aus Spezialisten bestand, die mich zur Not ersetzen konnten. Ich habe immer versucht, die besten Leute zu holen, sie gut zu behandeln und gut zu bezahlen. Diese Denkweise kann ich nur empfehlen.

Haben Sie im Leben Vorbilder gehabt, denen Sie nachgeeifert haben?

Nacheifern würde ich nicht sagen. Aber es gibt eine Reihe Menschen, vor denen ich großen Respekt habe. Willy Brandt, Helmut Schmidt, Helmut Kohl und Angela Merkel waren Politiker, die jahrelang unser Leben mitbestimmt haben. Ich habe hohe Achtung vor ihnen, aber als Vorbilder haben sie mir nicht gedient. Vorbilder waren für mich eher Unternehmer, die gleichzeitig auch ihre Mitarbeiter im Fokus hatten und sich um sie kümmerten. Davon gab es nach dem Krieg in Deutschland viele. Für mich waren alle Unternehmer Vorbilder, die verstanden haben, dass ohne Mitarbeiter kein Unternehmertum funktioniert und sich auch dementsprechend verhalten haben.

Was zeichnete Sie über Ihre Menschenkenntnis hinaus als Unternehmer aus?

Man muss eine Vision entwickeln. Als ich begonnen habe, in das Geschäft mit Getrieben einzusteigen, hatte ich keine Ahnung von dieser Materie, hatte aber eine gewisse technische Begabung. Früh habe ich allerdings gesehen, wo man solche Getriebe einsetzen konnte und dann mit Fachleuten aus der Branche darüber gesprochen und gelernt, Ideen zu entwickeln. Beispielsweise hatte ich erfahren, dass eine Druckmaschinenfirma in Italien Getriebe von Harmonic Drive eingesetzt hat. Vor Ort habe ich mir das angeschaut und mit der Genehmigung der Kunden eine Mappe mit schematisch dargestellten Anwendungsbeispielen erstellt. Damit bin ich zu deutschen Druckmaschinenherstellern gefahren, regelrecht hausieren gegangen. Heute würde man sagen, wir haben damals »mit großem Erfolg Marketing betrieben«.

Gehörte zu der Vision, in bestimmten Segmenten Marktführer zu sein?

In erster Linie wollten wir Geld verdienen, um zu wachsen, um die Firma groß zu machen. Irgendwann hat man den Ehrgeiz, der Beste oder der Erste zu sein. Aber am Anfang ist man erst einmal froh, dass man lebt, überlebt, nicht zu hohe Schulden aufbaut.

Wie haben Sie den hohen Qualitätsanspruch in Ihrer Firma etabliert?

Das hing sicherlich auch mit den japanischen Kollegen zusammen, die in ihrer Fabrikation auf hohem Qualitätsniveau arbeiteten und dies gut vermitteln konnten. Zu Beginn ist die Fertigung komplett in Japan erfolgt und von der dort gepflegten Präzision haben wir im Vertrieb in Europa profitiert. Als wir mit der Produktion in Deutschland begonnen haben, wurden Mitarbeiter nach Japan geschickt. Das hat viel Geld gekostet, war aber nur so machbar, damit sie an Ort und Stelle sehen konnten, wie was funktioniert. Anschließend haben wir alles eins zu eins übertragen und versucht, es noch einmal zu verbessern. Wir haben den Japanern eine Lizenzgebühr gezahlt, sehr wenig, denn wir waren noch partnerschaftlich verbunden. Und die Japaner haben insofern profitiert, als wir hier neue Produkte für den europäischen Markt entwickelt haben, die anschließend auch in Japan gut liefen. Es heißt, Japaner seien gut darin, Dinge zu übernehmen und sie zu verbessern. Hier hatten wir den Spieß einmal umgedreht. Ich hatte einen Japaner eingestellt, der die Anleitungen und Baupläne übersetzen musste, denn die gab es nur auf Japanisch. Für zwei bis drei Jahre war das eine harte Zeit.

Sie waren also darauf angewiesen,
bei der hohen Anforderung an die Qualität selbst auszubilden?

Das stimmt. Es ist bekannt, dass man sich auf die Menschen im Westerwald verlassen kann. Wenn ich an meine Onkel denke, die ein Leben lang bei Leitz oder Buderus gearbeitet haben, bestätigt sich diese Erkenntnis. Die Ausbildung von jungen Menschen haben wir früh begonnen. Nach zwei bis drei Jahren hatten wir eine eigene Ausbildungsstätte. Anfangs waren bis zu zwanzig Prozent Auszubildende in der Belegschaft, heute dürften es etwas weniger sein. Dabei sind die drei wichtigsten Rollen die des Facharbeiters, des Entwicklungs- und des Vertriebsingenieurs. Hinzu kommt Marketing. Fast die Hälfte der Facharbeiter hatte zu meiner Zeit eine abgeschlossene Meisterausbildung. Wir sind dafür aufgekommen, wenn dabei Arbeitszeit benötigt wurde. Die Mitarbeiter haben im Gegenzug ihre Freizeit geopfert. Mein Ziel war immer eine hochwertige Ausbildung. Das gehört zur Verantwortung eines Unternehmens – selbst mit dem Risiko, dass die Mitarbeiter einmal weggehen.

Welcher Typ Unternehmer waren Sie? Sind Sie durch die Werkshallen marschiert und haben sich auch mal unter eine Maschine geworfen und mit herumgeschraubt?

Nein. Ich kann sehr gut loslassen. Durch die Werkshallen bin ich gegangen, nicht jeden Tag, aber ich habe mich überall einmal sehen lassen. Mal jemandem auf die Schulter geklopft und gefragt, woran er oder sie gerade arbeitet. Die Mitarbeiter sollten wissen, dass ich mich für ihre Arbeit interessierte. An der Maschine mitzumischen, das hätte ich gar nicht gekonnt.

Hatten Sie in Ihrer Karriere einmal den Eindruck, Sie würden es nicht schaffen?

Nein. Es gab immer mal Probleme, aber ich hatte nie Bedenken, dass ich es nicht schaffen würde.

Standen Sie sehr stark unter Druck?

Wir haben leider keine Kinder, für meine Firma war das gut. Denn die komplette Freizeit widmete ich der Firma. Und meine Frau hat das mitgemacht, sie hat es akzeptiert. Der Druck war überschaubar.

War die Firma zu Hause häufig Thema?

Nein. Wenn ich abends nach Hause kam, haben wir eher über Alltägliches gesprochen und meine Frau hatte so viel zu erzählen, da kam ich gar nicht dazu. Das war gut, denn ich habe generell ungern etwas aus der Firma erzählt.

Sind Sie ein Teamplayer?

Ja, das ist das richtige Wort. Wohlwissend, dass ich ohne Team nichts bewegen kann. Wer das akzeptiert, hat kein Problem, mit seinen Leuten offen zu reden. Wenn jemand mit einem Problem zu mir kam, habe ich ihn aufgefordert, einen Vorschlag zur Lösung zu machen. Bei größeren Themen haben wir uns mit anderen Mitarbeitern zusammengesetzt und beraten. Und wenn ich bei einem Vorschlag der Einzige war, der dagegen war, haben wir es in fast allen Fällen so gemacht, wie die Mehrheit entschieden hat. Es gab allerdings auch Situationen, in denen ich allein gegen alle war und dennoch meine Vorstellung umgesetzt habe. Es war mein Glück, denn es ging fast immer gut, und meine Leute haben mir danach umso mehr zugehört. Das Miteinanderreden war sehr wichtig. Oft wurden ohne mich in der Diskussion Dinge entscheidungsreif besprochen, ich musste nur noch zustimmen. Als ich eine neue Firma gründen wollte, habe ich einen Namenswettbewerb ausgeschrieben. Eine Jury, der ich nicht angehörte, musste entscheiden, wer den besten Vorschlag gemacht hatte. Der Sieger gewann eine Reise nach Mallorca. Ich wollte mich nicht direkt einmischen und habe einem Mittelsmann meinen Namensvorschlag zugesteckt. Der lautete »OVALO«. Der Vorschlag hat gewonnen. Meine Abteilungsleiter waren gegen den Namen. Die Jury hat sich dafür entschieden. Und heute ist OVALO ein Name, den jeder in der Branche kennt.

Sind Sie dann selbst nach Mallorca geflogen?

Nein, ich hatte den Vorschlag ja nicht gemacht.

Sie haben sich 2008 aus dem Vorstand zurückgezogen und sind in den Aufsichtsrat gewechselt. Sollen wir Ihnen glauben, dass Sie sich nicht mehr ins operative Geschäft eingemischt haben und nur noch drei bis vier Mal im Jahr über die wichtigsten Dinge informiert wurden?

Das war bei uns schon anders. Erst einmal werden Aufsichtsräte in Deutschland oft falsch besetzt. Da sitzen leider nicht selten Leute, die keine blasse Ahnung vom Geschäft haben, von dem, was die Firma tut. Der Aufsichtsrat hat den Vorstand zu kontrollieren. Mitglieder sollten Fachleute sein: Steuerberater, die etwas von Bilanzen verstehen, Techniker, die etwas von der Technik verstehen, vielleicht auch Marketingleute, die sich mit dem Vertrieb auskennen. Meinen Aufsichtsrat habe ich so zusammengesetzt. Als Vorsitzender des Aufsichtsrats war ich in der Woche rund dreimal in Limburg. Mein Büro hatte ich behalten. Die Vorstandsbüros lagen auf derselben Etage, gesehen haben wir uns allerdings nicht immer. Aber ich habe mich immer wieder in Sitzungen dazugesetzt und zugehört. Mehr als vier Sitzungen des Aufsichtsrats waren im Jahr nicht erforderlich, weil ich so oft vor Ort war. Der Vorstand kam auch schon mal zu mir, wenn Entscheidungen anstanden.

Hatten Sie einen Betriebsrat?

Nein, ich habe einen Beirat eingesetzt, der fast die gleichen Rechte hatte, nur nicht institutionalisiert. Das waren vier Leute, die von der Belegschaft gewählt wurden. Sie waren nicht freigestellt, konnten aber diese Aufgabe im Beirat während ihrer Arbeitszeit erledigen. Erforderlich war es nicht, aber ich wollte meinen Mitarbeitern signalisieren, dass es Ansprechpartner gibt, wenn man nicht mit seinem Vorgesetzten über etwas sprechen möchte.

Haben Sie Tarif gezahlt?

Immer über Tarif, inklusive eines Bonussystems mit Leistungsanreiz. Wenn es am Jahresende ein gutes Ergebnis gab, habe ich nochmal einen Bonus oben drauf gegeben. Das Geld haben die Abteilungsleiter verteilt – nach Leistung.

Haben Sie im Unternehmen Wert auf ein Sozialleben gelegt?

Ja, das Miteinander spielt eine große Rolle. Anfangs sind wir mit Bussen zum Betriebsausflug gefahren. Später, mit vierhundert Mitarbeitern, wurden daraus Betriebsfeste. Der Parkplatz wurde gesperrt, mittags wurden Spielgeräte für die Kinder aufgebaut, weil es als Familienfest gedacht war. Das wird heute noch so praktiziert, weil es für das Zusammenleben sehr wichtig ist. Wenn sich der Vorgesetzte mit Mitarbeitern in einem ungezwungenen Umfeld an einen Tisch setzt, sich austauscht, auch mal ein kritisches Wort fällt, aber in einem kollegialen Ton, ist das extrem wichtig.

Sie waren ein sehr aktiver Aufsichtsrat und im Dezember 2016 haben Sie die beiden Unternehmen schließlich verkauft. Wie ist Ihnen diese Abnabelung gelungen?

Ich hatte mich schon früh mit dem Gedanken beschäftigt, was mit den Unternehmen nach mir passieren sollte. Man lebt nicht ewig. Schon als ich 2005 sechzig Jahre alt wurde, habe ich mit solchen Überlegungen begonnen. 2004 haben wir die Stiftung gegründet und die Idee gehabt, die Unternehmen in die Stiftung einzubringen. Ich habe Unternehmer gefragt, die das so praktiziert hatten. Fünf habe ich gefunden, denen ich diese Frage vorgelegt habe. Alle haben mir abgeraten, weil am Ende die Firma zu wenig in die Stiftung abgeführt hat – nach dem Motto »wir brauchen unser

Geld für die Firma«. Der Ratschlag lautete: Verkaufen Sie Ihre Firma und geben Sie den Verkaufserlös in Ihre Stiftung.

Und wie war der Abschied aus der Firma?

Am Tag, als ich verkauft habe, war das für mich eher eine Erleichterung, die alles andere – auch Wehmut und Traurigkeit – wettgemacht hat. Ich war aus der Verantwortung entlassen und hinterließ zwei Firmen, die aus eigener Kraft bestehen konnten. Irgendwann wird die Verantwortung für die Mitarbeiter die größte Belastung. Vor allem, wenn man die Menschen mit der Zeit kennt, mit jedem redet und auch Sorge und Verantwortung für sie fühlt. Mir fiel ein Stein vom Herzen. So ganz raus bin ich aber nicht, weil die Gebäude meiner Holding gehören und ich doch ab und zu in Limburg bin.

Nun waren Sie nicht nur viele Jahre lang Arbeitgeber in einem Unternehmen, Sie sind es heute auch als Gründer eines Museums. Ein Unterschied?

Im Prinzip nein. In beiden Fällen geht es um Freude an der Arbeit, um Gestaltungsfreiheit und auch um angemessene Entlohnung für die Mitarbeiter und Mitarbeiterinnen. Das Museum soll wie ein kleines Wirtschaftsunternehmen geführt werden.

Warum haben Sie sich für Oliver Kornhoff als Direktor entschieden?

Wir hatten eine große Ausschreibung mit sehr viel Rücklauf. Es gab achtzig Bewerbungen von sehr unterschiedlicher Qualität. Es bewarben sich viele branchenfremde Kandidaten. Aus meiner Sicht gehört aber ein bisschen »mehr« dazu, ein Museum zu leiten. Neben der Menschenkenntnis ist das Vernetztsein in dieser Museums- und Kunstwelt sehr wichtig.

Am Ende war für mich die Qualifikation für diese spezielle Aufgabe entscheidend. Ähnlich wie bei einem Bild interessiert mich letztlich nicht, ob das ein Mann oder eine Frau gemalt hat. Zum Schluss hatten wir drei Bewerber in der engeren Auswahl, die sich alle nicht beworben, sondern die wir angesprochen hatten – über ein Mitglied des Museumsbeirates. Alle drei Kandidaten haben sich auf eigenen Wunsch vor den Gesprächen die Sammlung im Depot angesehen. Das steigerte ihr Interesse. Der Museumsbeirat, bestehend aus vier Personen aus der Fachwelt, und ich haben alle drei Kandidaten an einem Tag getroffen. Die Wahl fiel einstimmig auf Oliver Kornhoff, nicht nur, weil er an dem Tag den besten Eindruck vermittelte, sondern auch, weil er mit den Ideen, die er vorher zu Papier gebracht hatte, unseren Vorstellungen am nächsten kam.

Was hat Herrn Kornhoff an der Position gereizt?

Von Anfang an mitbestimmen zu können, was in dem Museum passiert, obwohl es Vorgaben gibt: Gesammelt und gezeigt wird abstrakte Kunst. Es gilt, den Auftrag zu vermitteln, selbst zu kuratieren und das Museum zu vermarkten. Zu den quantitativen Zielen gehören Umsatzerwartungen, wir setzen eine bestimmte Zahl von Besuchern im Jahr voraus – mindestens fünfzigtausend zahlende Gäste sollen es schon werden. Ehrgeizig ist an dieser Zahl, dass Kinder und Jugendliche freien Eintritt haben. All das hat Herrn Dr. Kornhoff gereizt.

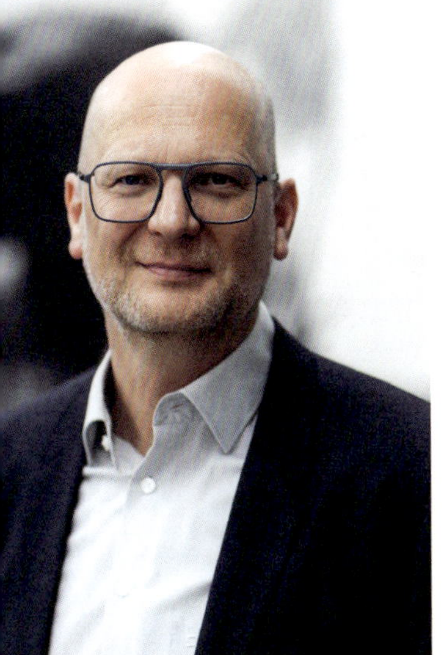

Oliver Kornhoff

Warum gerade fünfzigtausend?

Die Zahl kommt nicht von ungefähr. Wir schauen auf das benachbarte Museum Wiesbaden mit seinen etwa hunderttausend Besuchern im Jahr. Unser Ziel ist abgestimmt mit dem Museumsbeirat und ich habe mit vielen anderen Museen über deren Erfahrungen gesprochen. Amerikaner, mit denen ich telefoniert habe, haben sogar gesagt, die fünfzigtausender Marke sei zu niedrig: »Bei der Kunst, die Du zeigst, würden die Menschen uns hier die Bude einrennen.« Natürlich wissen wir, dass wir in Wiesbaden und nicht in New York oder Frankfurt sind und dass es nach der Anfangseuphorie zu einer ruhigeren Phase kommen wird. Danach müssen wir uns etwas Besonderes einfallen lassen.

Was waren die größten Bedenken, die die Kandidaten geäußert haben?

Die größte Sorge war, dass ich weiterhin generell den Ton angeben würde. Die hörte ich allerdings nicht von den drei letzten ernsthaften Bewerbern.

Eine berechtigte Sorge?

Ich denke nicht. Ich liebe und schätze die Menschen und komme sehr gut mit ihnen zurecht. Das ist eine Stärke von mir. Nur deshalb konnte ich mein Unternehmen aufbauen. Die Menschen merken, wenn man sie belügt, ihnen was erzählt, was hinten und vorne nicht stimmt. Man muss den Mitarbeitern vorleben, was man von ihnen erwartet. Der Direktor genießt viel Freiheit. Er muss allerdings damit leben – und das tut er auch –, dass ich meine Sammlung auch mit Bildern erweitere, die in erster Linie mir gefallen. Im Jahr 2019 und 2020 habe ich große Summen in den Ankauf weiterer Bilder gesteckt. Den größten Teil für Meisterwerke des Abstrakten.

Wie haben Sie das Verhältnis zwischen Dauer- und Wechselausstellung definiert?

Wichtig ist mir, im Museum eine gemeinsame eigene Linie zu finden. Ich könnte mir vorstellen, dass wir die Sammlungspräsentation alle zwei Jahre neu gestalten, unsere Sonderausstellungen alle sechs Monate. Wichtig ist, dass immer etwas los ist, immer etwas passiert. Dass Dr. Kornhoff das beherrscht, hat er im Arp-Museum schon bewiesen mit seinen rund achtzig Sonderausstellungen. Jedenfalls sind die Zeiten vorbei, in denen eine Kollektion ein für alle Mal präsentiert wird und sich dann nichts mehr daran ändert. Dafür ist das Museum zu schade. Allerdings verlangen einige Werke in ihrer Platzierung auch nach Kontinuität, wenn ich etwa an die Wände denke, an denen die Stella-Plastiken angebracht sind.

Wie stellen Sie sich die Sonderausstellungen vor?

Um einen Künstler herum arrangiert und nicht immer nur aus dem Bestand. Der wächst übrigens noch jedes Jahr um viele Werke, auch aus der Frühzeit der Fünfziger- und Sechzigerjahre. Wir verleihen viel an andere Häuser, deshalb glaube ich, dass wir auch von anderen Leihgaben erhalten werden. Zum Beispiel wäre meine Idee, Helen Frankenthaler, meiner Lieblingskünstlerin, eine Retrospektive zu widmen. Mit über vierzig Werken von ihr besitzt meine Sammlung eine gute Basis, eine solche Sonderausstellung zu einem großen Publikumserfolg werden zu lassen. Selbstverständlich denke ich auch an junge Künstler, vielleicht auch einmal Jung und Alt gemischt.

Welche Länder bieten denn die interessantesten Leihgaben?

Amerika und Japan. Bei Japan gilt das in beide Richtungen. Ich habe schon eine ganze Reihe interessanter Anfragen zur Ausleihe. Die Beziehungen dorthin baue ich gerade weiter aus. Für mich sind die in Japan lebenden und arbeitenden jungen Künstler sehr interessant, weil sie teilweise absolut abstrakt sind. Der direkte Kontakt nach Japan ist mir wichtig – jetzt, da ich beruflich nicht mehr so oft da bin, erst recht.

Welche Zielgruppen peilen Sie an?

Besonders Kinder und Jugendliche aus dem Rhein-Main-Gebiet, die wir mit der abstrakten Kunst vertraut machen wollen. Alle Kunstinteressenten aus Deutschland und Europa. Auch Kunstinteressierte aus weiter Ferne, von Übersee, die wir mit dem einzigartigen Angebot anlocken möchten. Deshalb suchen wir Kooperationen mit amerikanischen Museen und übersetzen alle Kataloge ins Englische. Wichtig sind mir auch die internationalen Schulen, amerikanische und japanische Schulen von Wiesbaden bis Frankfurt.

Wie wichtig sind für Sie Kooperationen, beispielsweise im Rahmen von Initiativen des Rhein-Main-Kulturfonds?

Sehr wichtig. Es ist eine wichtige Aufgabe unseres Direktors, Verbindungen herzustellen und zu pflegen. In der Gründungsphase waren wir noch ganz auf uns gestellt, aber je mehr Ausstellungen wir in Zukunft zeigen werden, desto interessanter wird das.

Wie stark nutzen Sie digitale Kanäle?

Sehr intensiv. Und wir haben früh damit begonnen. Die Ansätze sehen Sie auf unserer Homepage, auf der wir regelmäßig über Baufortschritte informiert haben – mit Filmen und Storys. Wir haben ein großes Interesse daran, weil Kinder heute digital orientiert sind. Wenn Sie den

Kindern kein entsprechendes Angebot machen, erreichen Sie sie nicht. Im Farblabor können sie an vier verschiedenen Stationen Farbe und Figuren »malend« erzeugen, sie abspeichern und später zeigen. Die Kunst ist nach dem Krieg vor allem in Japan oft spielerisch, auch durch Tanz entstanden. Wenn man sieht, wie Shiraga mit seinen Füßen Bilder entstehen ließ, dann regt das Kinder vielleicht zum Nachahmen an. Wir haben eine Wand eingerichtet, auf der man durch Bewegung Bilder erzeugt. Die Kinder lernen schnell, welche Reaktionen auf der Wand bestimmte Körperbewegungen auslösen. Sie beeinflussen mit Gesten oder Schrittfolgen sogar die Farbgebung. Das geschieht immer im Wechsel mit Eindrücken aus der Ausstellung, um die Verbindung zur hängenden Kunst herzustellen. Es muss miteinander harmonieren. Dafür benötigen wir pädagogischen Sachverstand und enge Kontakte zu den Wiesbadener Schulen.

Wie kalkulieren Sie die Kosten für das Museum?

Der Zuschuss, den die Stiftung leisten muss, zumindest in den ersten Jahren, wird sehr hoch sein, weil wir davon ausgehen, dass wir in den ersten beiden Jahren noch nicht den erwünschten Zufluss von Mitteln haben werden. Damit sind Eintrittsgelder, Erlöse aus dem Museumsshop oder Vermietung von Flächen – zum Beispiel für die Gastronomie oder Events – gemeint. Weiterhin hoffen wir, dass Spenden für Ausstellungen über Sponsoren hinzukommen.

Sollte sich das Museum in irgendeiner Weise politisch engagieren?

Das Museum muss politisch unbedingt neutral bleiben. Natürlich können der Direktor und die Mitarbeiter eine persönliche Meinung haben, aber das Museum nicht. Es hat keine Partei zu ergreifen, außer der für die Freiheit der Kunst.

Inwiefern entspricht der Museumsdirektor Ihren Vorstellungen?

Hier wären viele Details zu nennen. In erster Linie überzeugt mich seine Persönlichkeit. Er hat seine vorherige Arbeit sehr gewissenhaft zu Ende geführt. Wir haben uns in der Zeit aber immer schon am Wochenende getroffen. In die Auswahl des Personals war er ohnehin immer einbezogen. Ich zähle auf ihn und vertraue ihm unser Museum an. Welchen größeren Vertrauensbeweis gibt es?

Wie groß ist die Museumsmannschaft?

Wir werden in unserem Museum mit dem Direktor und vierzehn weiteren Mitarbeitern beginnen: der Referentin des Direktors, einer Kuratorin, einer Restauratorin, einer Pressesprecherin, einer Person für die Kunstvermittlung, einer Verwaltungskraft, einer Spezialistin für Marketing und Online, einer Fachkraft für Social Media, einer Mitarbeiterin für Führungen durch das Museum, einer Sicherheitskraft, einem Hausmeister, einem Fachingenieur für Klimatechnik und zwei Mitarbeiterinnen am Empfang des Museums. Hinzu kommen noch unser Reinigungspersonal und Aufsichten. Ob wir uns hier Personaldienstleister suchen oder Mitarbeiter anstellen, ist noch nicht entschieden.

Was ist Ihnen beim Aufsichtspersonal wichtig?

Im öffentlichen Bereich im Erdgeschoss muss jemand nach dem Rechten sehen. Wir gehen innovativ vor und haben in den Ausstellungsräumen Videokameras installiert. Darüber werden die Besucher bei Eintritt in das

Museum pflichtgemäß informiert. Die Kamera erfasst automatisch jeden Besucher, insbesondere dann, wenn eine bestimmte Linie überschritten wird, also ein bestimmter Abstand zwischen Betrachter und Kunstwerk nicht eingehalten wird. Das löst einen internen Alarm aus, der auf einem Tablet oder Smartphone des Aufsichtspersonals landet. Diese Mitarbeiter können dann auch anschließend denjenigen darauf aufmerksam machen.

Aber besonders die von Ihnen gesammelte Kunst braucht Erklärung.
Wie stellen Sie das sicher?

Wir werden viele Führungen anbieten. Dafür gibt es eine Mitarbeiterin, außerdem werden wir viele freie Kräfte beschäftigen. Dazu kommen Vorträge. Außerdem kann man Audioführer nutzen, die auf Englisch und Deutsch informieren. Damit erfährt man nicht nur etwas über ein Bild, sondern auch über den Künstler, die Gruppe. Theoretische Abhandlungen über das Thema Abstraktion gibt es auf diesen Geräten nicht. Aber die Personen, die dort Aufsicht führen, sollen wissen, was von wem wo hängt, sodass sie bei Nachfragen darauf antworten können.

KAPITEL SECHS

»Schön kann auch klaren Linien folgen.«

Über die Idee der Architektur,
Raumaufteilung, Nachhaltigkeit
und die hundert Jahre,
die das Museum bestehen soll

Wie ist Ihr Verhältnis zum Thema Architektur?

Architektur ist für mich kein »Thema« sondern ein fester Bestandteil in meinem Leben. Ich könnte nicht in einem Haus leben, dessen Architektur mir nicht gefällt. Ein Museumsbau darf meiner Überzeugung nach nicht nur ein Zweckgebäude für die Kunst sein, sondern sollte, wenn irgendwie machbar, selbst ein architektonisches Kunstwerk sein. Meine Liebe zur Architektur beginnt bei alten Gebäuden, die ich – wie bereits erwähnt – sehr schätze, insbesondere jene, die wir mit unserer Stiftung wiederaufgebaut haben und schützen. Ich glaube, man muss sich das Alte ansehen, damit man Ideen für das Neue entwickeln kann. Wichtig finde ich zurückzuschauen, bevor man nach vorne blickt.

Wie hat sich Ihr Architekturgeschmack entwickelt?

Ich bin grundsätzlich für geradlinige, einfach und klar erscheinende Bauwerke, die in den meisten Fällen allerdings, entsprechend meinen Ansprüchen, hoch komplex sind. Eine Weiterentwicklung dieses Architektur-»Geschmacks« hat in den letzten 50 Jahren nicht mehr stattgefunden.

Gibt es Parallelen zu Ihrem Kunstgeschmack?

Nur insofern, als sich in beiden Fällen mein Geschmack schon sehr früh gebildet und anschließend nicht mehr groß verändert hat.

Wir hatten schon über Ihre Erfahrungen als Bauherr gesprochen, dank derer Sie über eine gewisse Sach- und Fachkenntnis verfügen.

Wir haben unser erstes Haus in Eppstein gebaut – in Eigenregie und mit eigener Muskelkraft. Ebenso habe ich Bürogebäude in Langen und in Limburg gebaut, dort auch große Produktionsstätten. Mich interessiert das Bauen und die Frage, wie etwas funktioniert. Ich war deshalb beim Entstehen des Museums so gut wie jeden Tag vor Ort; nicht nur um zu kontrollieren, sondern auch um zu sehen, wie etwas geht. Die Arbeit der am Bau beschäftigten Handwerker und Arbeiter interessiert mich. Ich lerne dabei. Das mögen die Menschen auf dem Bau. Nörgler kennen die genug, aber dass sich der Bauherr, der Auftraggeber wirklich für deren Arbeit interessiert, kommt nicht so oft vor. Dann kann ich mir auch mal erlauben zu fragen, warum etwas so gemacht wird und nicht anders. Oder auf einen Fehler hinweisen. Im Innenausbau passierte das noch öfter, weil da Genauigkeit erst recht gefragt ist.

Sie waren wirklich jeden Tag auf dem Bau?

Ja, es sei denn, ich war unterwegs. Auch samstags oder sonntags zog es mich in dieser Phase ins Museum. An diesen Tagen ging ich in Ruhe durch das Gebäude und nahm mir das eine oder andere nochmal vor. Manchmal änderte ich danach auch noch etwas.

Woher kommt das visionäre Denken, also dass Sie sich vor Ihrem inneren Auge das fertige Objekt so konkret vorstellen können?

Das ist das Ergebnis von Erfahrung. Am Anfang hat es länger gedauert, alles Übungssache.

Haben Sie ein Lieblingsgebäude, das Sie besonders gerne besuchen?

Ich mag das Guggenheim-Museum in Bilbao, gebaut von Frank Gehry. Wenn ich wegen der Chillida-Skulpturen im Baskenland in der Nähe war, bin ich gerne in dieses wunderschöne Museum gefahren. Schwierig finde ich, dass es trotz seiner Größe so wenig Ausstellungsfläche bietet. In Deutschland bin ich oft und gerne im Museum Frieder Burda in Baden-Baden.

Was zeichnet ein gutes Museum heute aus?

Es muss nachhaltig gebaut sein. Ein Museumsgebäude muss in sich schön sein. Dazu braucht es nicht viel Schnickschnack. Schön kann auch klaren Linien folgen. Es muss seinen Zweck erfüllen, nämlich den Menschen zu dienen und der Kunst, für die es gebaut worden ist. Und genau das haben wir versucht. Diejenigen, die den öffentlich zugänglichen Bereich betreten, sollen sich dort ohne Hast umsehen können. Diejenigen, die wegen der Kunst kommen, sollen sie aus möglichst unterschiedlichen Blickachsen wahrnehmen können. Architekt Maki und auch ich schätzen diese Achsen in Gebäuden unendlich: Jedes Mal, wenn ich meinen Kopf drehe, sehe ich etwas Neues. Wir möchten dem Besucher das Gefühl geben, wie zuhause zu sein und es schön und »gemütlich« zu haben.

Wie unterscheidet sich Ihr Haus noch von anderen Museen?

Der öffentliche Bereich ist etwas Besonderes. Man zahlt dort keinen Eintritt. Man kann sich frei bewegen, sich Glaskunstwerke von Katharina Grosse, Karl-Martin Hartmann und Claudia Walde ansehen und man kann den Shop und das Restaurant besuchen. Es gibt dort das Farblabor, in dem wir Kinder und Gruppen zur Auseinandersetzung mit der Kunst mithilfe eines umfangreichen digitalen Angebots anregen wollen. Anders ist bei uns auch die Anordnung der Treppen. Keine Treppe, die Sie abschreckt, bei der Sie schon bei ihrem Anblick ein flaues Gefühl im Magen bekommen, weil sie den Eindruck erweckt, dass es aufwärts zum Himmel geht. Diese ehrfurchtgebietenden Eingangstreppen wollten wir vermeiden. Unsere großen Treppen sind auf der Seite angeordnet. Bei uns gibt es einen großen freien, mittleren verglasten Bereich, wo man durch das Glas dem Regen zusehen kann und in dem es die wunderbare dreiteilige Skulptur von Eduardo Chillida

Blick ins Foyer des Museums Reinhard Ernst mit der Glasarbeit »Ein Glas Wasser, bitte« von Katharina Grosse im Hintergrund

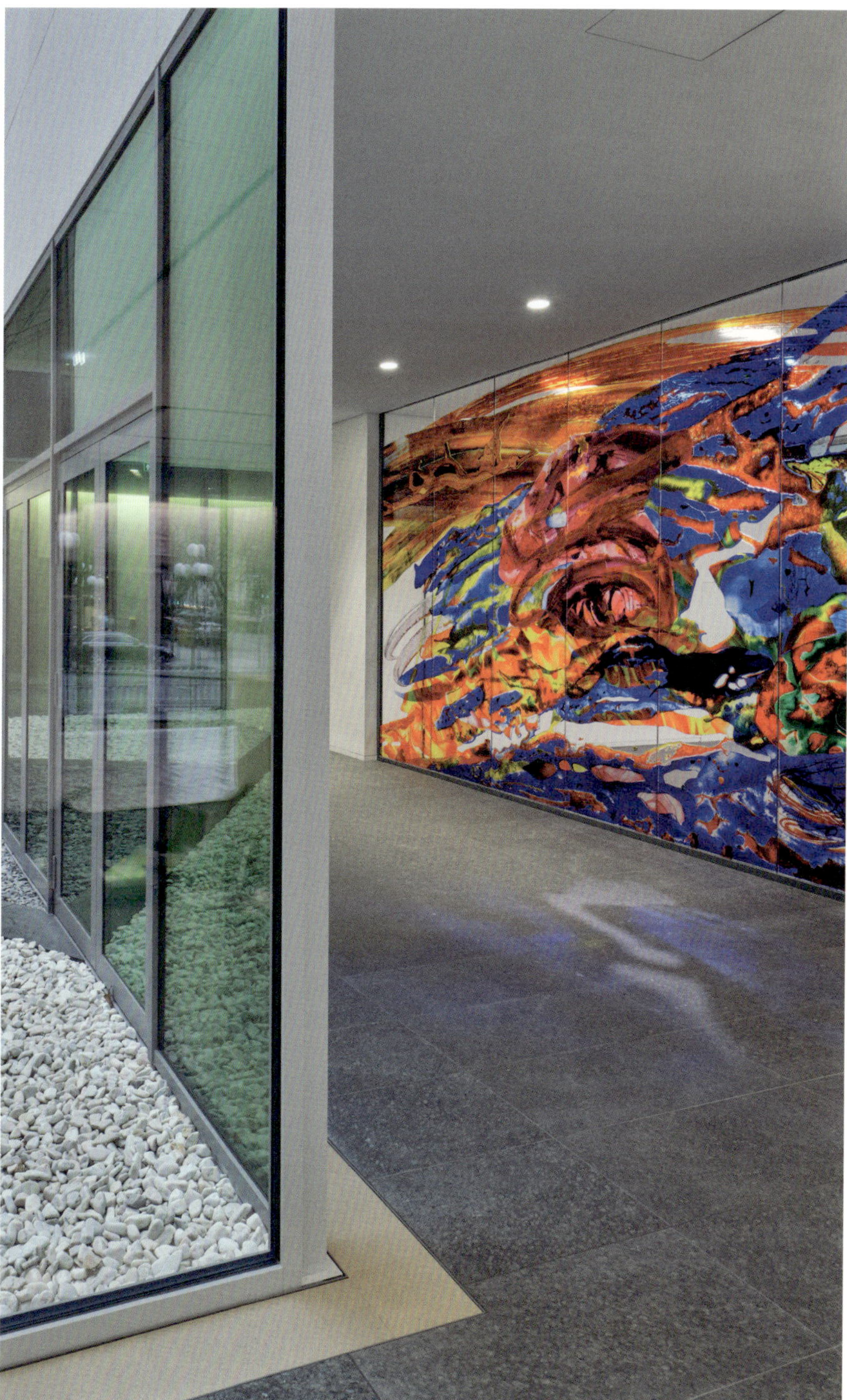

zu sehen gibt. Selbstverständlich gibt es einen Aufzug für Menschen, die nicht gut laufen können. Aber wir wollen dazu animieren, die Treppen zu benutzen, weil Sie von dort die Blickachsen wahrnehmen können.

Was ist bei so viel Bewegung mit der Ruhe, der Möglichkeit, sich auszuruhen?

Genau das habe ich selbst in Museen oft vermisst und jeder, dem ich das erzähle, sagt: Stimmt, das fehlt mir auch. Unserem Architekten geht es auch so. Deshalb haben wir im Museum schöne Sitzecken eingerichtet. Man kann eine gemütliche Ecke erwischen, von der aus man noch viel sieht.

Welche Rolle spielt im Konzept Ihres Museums der Architekt Fumihiko Maki?

Er spielt die größte Rolle. Schon der erste Entwurf für ein Museum in Limburg stammte von ihm. Seitdem arbeiten wir zusammen. Insgesamt kennen wir uns schon deutlich länger, aber bis dahin hatten wir nie so konkret über mögliche Projekte gesprochen. Er kennt mein Haus in Wiesbaden, war oft dort und ist vertraut mit vielem, was ich gemacht habe, auch mit Harmonic Drive. Damit kennt er meinen Stil und meine Vorstellungen. Seinen Stil kannte ich schon anhand der Gebäude, die er zum Beispiel in Tokio gebaut hat. Limburg hat uns dann noch nähergebracht. Der Entwurf, der mehr in die Fläche ging, war sehr schön. Als das Projekt durch die Stadt nicht gewollt wurde, sagte Maki zu mir: »Sei mal nicht traurig, es kommt was Besseres nach.« Und so war es.

Und wie ging es dann in Wiesbaden los?

Spannend. Maki, Jahrgang 1928, kam morgens früh aus Japan an, legte sich ein bisschen hin, dann fuhren wir in den Rheingau. Am Nachmittag fragte er dann ungeduldig, können wir nicht nochmal zu diesem Parkplatz fahren?

Ansicht des Museumsgebäudes von der Rheinstraße

Er meinte den späteren Bauplatz. Als wir dort ankamen, hat er zwei Stunden nichts anderes gemacht, als zu fotografieren. Nicht den Platz, sondern vor allem die umliegenden Häuser. Ich wusste zunächst nicht so genau, warum er das machte. Als die ersten Modelle kamen, habe ich es schnell erkannt, denn er hat immer in Bezug auf das Umfeld geplant. Die Achsen im Museumsbau sind auf die benachbarten Gebäude ausgerichtet. So wird es Teil eines Ensembles, das gar nicht anders hätte aussehen dürfen. Die Fronten an der Wilhelmstraße und an der Rheinstraße wurden in die Planungen so aufgenommen. Diese Ecken mit ihren Fluchten waren vorgegeben, etwas Rundes zum Beispiel hätte nicht gepasst. Auf Wunsch der Stadt sollte die »Torsituation« am Eingang der Wilhelmstraße wiederhergestellt werden, wie sie sich mit dem Hotel Victoria gezeigt hatte, das im Krieg zerstört wurde. Das haben wir hinbekommen. Die Vorgabe für uns war: Wie können wir die relativ überschaubare Fläche optimal für unser Museum nutzen und gleichzeitig der Öffentlichkeit einen großzügigen Platz bieten?

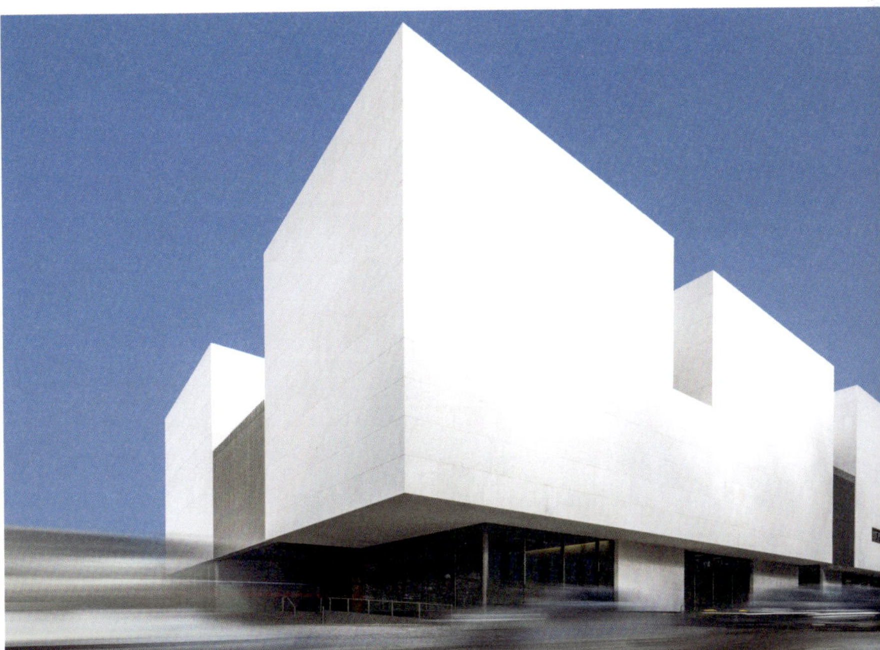

Wie ist die Freundschaft zwischen Ihnen und Fumihiko Maki entstanden?

Wir haben uns durch einen guten Freund in Japan kennengelernt, Mitsumasa Ito, mein Vorgänger als Geschäftsführer der Harmonic Drive und später Mitgesellschafter meiner Firma. Wir hatten viel gemeinsam, auch in der Kunst. Durch ihn habe ich den großen japanischen Bildhauer Iida Yoshikuni kennengelernt, mit dem ich ebenfalls gut befreundet war und von dem ich Skulpturen und abstrakte Bilder erworben habe. Er ist leider schon verstorben. Und auch mit Maki hat mich Mitsumasa bekanntgemacht. Das muss mindestens fünfundzwanzig, wenn nicht dreißig Jahre her sein. Daher war es klar, dass er unser »Haus der Hoffnung« in Japan bauen würde, worüber wir schon gesprochen haben.

Gibt es japanische Elemente am Museum?

Nein. Was in Europa als japanisch wahrgenommen wird, ist eher »natürlich«. Die Japaner stellen mehr, als wir das tun, Natürliches in den Vordergrund. Zum Beispiel der Ahornbaum in unserem Foyer. Der heißt zwar »Japanischer Fächerahorn«, ist aber heute längst nicht mehr ein typisch japanischer Baum. Er kommt in ganz Asien vor und in unseren Breiten wächst er seit vielen Jahren. Für meine Frau und mich hat er etwas Besonderes, deshalb haben wir ihn für unser Museum ausgesucht.

Wie hoch ist das Risiko, einen japanischen Architekten mit einem Bau in Deutschland zu betrauen angesichts der vielen speziellen Regeln und Vorschriften, die es hier gibt?

Dazu muss man wissen, dass Maki die Zulassung als Architekt in Deutschland besitzt. Er ist seit 1997 Ehrenmitglied im Bund deutscher Architektinnen und Architekten und hat schon in Düsseldorf und

München Bürogebäude gebaut. Und gerade wegen dieser Regeln schätzt er Deutschland sehr. Er sagt: In Deutschland ist alles geregelt, das macht es für den Architekten einfacher. In Japan sind nur einige Bestimmungen noch strenger als bei uns, zum Beispiel in Bezug auf Erdbebensicherheit.

Sie haben außerdem mit dem Büro schneider+schumacher ein deutsches Team mit der Umsetzung beauftragt, von dem unter anderem die Gartenhallen des Städelmuseums in Frankfurt entworfen wurden.

Das war auf Wunsch von Maki, der das Büro kannte. Sie haben das umgesetzt, was gewünscht war.

Wie kompliziert war die Beschaffung der Baustoffe?
Sie haben sich bei der Verkleidung der Außenfassade für Granit statt für Kalkstein entschieden. Und mussten den Granit aus den USA einführen.

Zum Glück war es weniger kompliziert, weil wir die Entscheidung schon frühzeitig vor Corona gefällt hatten. Die Firma Hofmann Naturstein konnte den Stein in Vermont früh kaufen, wir sind dazu finanziell in Vorleistung getreten. Heute sind wir froh über diesen Weg. Uns waren die Qualität und das gute Aussehen der Fassade von Anfang an extrem wichtig. Eine Metallfassade stand nie zur Debatte. Daher kam dem Stein besondere Bedeutung zu. Am Ende blieben Granit oder Kalkstein in der Auswahl. In Frankfurt haben wir uns Kalkstein angesehen. Dort wurden sehr viele Hochhäuser mit diesem Material verkleidet. Für mich sahen sie alle gleich aus, wie von der Stange. Blieb also nur der Granit. Am Aga Khan Museum in Toronto, das Maki gebaut hat, habe ich mir einen ähnlichen Granitstein angeschaut, der sehr schön hell war und aus Südamerika stammt. Meine Forderung lautete, dass der Stein noch weißer aussehen und weniger Einschlüsse haben sollte, insgesamt noch feiner. Unser Fassadenexperte hat uns dann Muster aus Vermont besorgt. Diese Auswahl war mit dem Risiko verbunden, dass der Steinbruch wegen der kalten Witterung nur sieben Monate in Betrieb war. Die Beschaffenheit hat uns letztlich überzeugt, der Stein ist strahlend hell, aus zwanzig Metern Entfernung sieht man keinen dunklen Fleck, nur noch weiß. Auch Maki war begeistert, dass ich mich für Granit und nicht für Kalkstein entschieden habe.

Der Kalkstein wäre billiger gewesen.

Das stimmt, da stand ein großer Betrag im Raum. Aber mir war es wichtig, dem Museum ein besonderes Kleid anzuziehen.

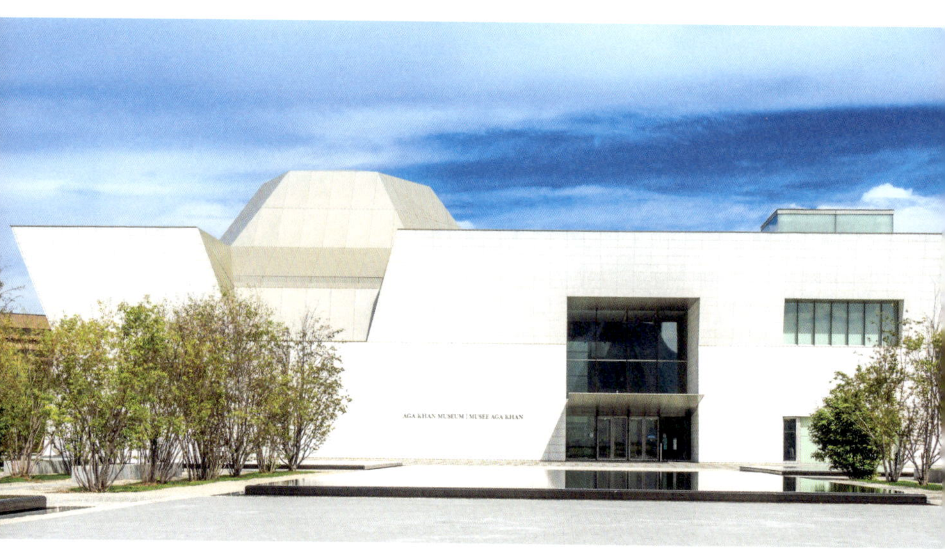

Das Aga Khan Museum

Qualität kostet Geld, sagen Sie.
Sieht man das auch bei den angeheuerten Gewerken?

Erstmal haben wir immer versucht, Handwerker und Firmen aus Wiesbaden oder aus der Umgebung zu beauftragen, weil ich, selbst wenn es ein bisschen teurer wird, damit gute Erfahrungen gemacht habe. Unseren Rohbau hat Gmünden Bau von der anderen Rheinseite in Ingelheim mit Müller aus Karlsruhe übernommen. Die Firmen, die wir ausgewählt haben, waren nicht unbedingt diejenigen, die das günstigste Angebot gemacht hatten. Wir haben uns geeinigt, behandeln die Beteiligten gut, das zahlt sich aus. Wenn man so handelt, sind die Firmen auch da, wenn man einmal ein Problem hat. Mein Credo: Ich hole mir die Leute aus der Gegend, in der ich baue.

Spielt die Ökologie bei Ihrem Bau eine Rolle?

Wenn es machbar ist, immer. Wir hätten zum Beispiel lieber in Holz gebaut, aber das konnten wir bei unserer Statik nicht machen. Da war Beton noch nachhaltiger als eine nötige Mischung aus Stahl und Holz. Vergessen Sie nicht die vielen besonderen Anforderungen im Gebäude: viele Freiflächen ohne Stützen, keine im Bistro oder im Museumsshop. Ich hätte gerne Geothermie genutzt, wie bei uns zu Hause schon seit zwanzig Jahren. Das war hier an dieser Stelle nicht erlaubt. Auf das Dach haben wir Solarzellen gesetzt. Die Freiflächen auf dem Dach haben wir begrünt. Wir verwenden auch kein Holz aus den Tropen. Das sind alles keine Vorgaben der Baubehörde, sondern Entscheidungen, die wir wegen der Nachhaltigkeit gefällt haben.

Reicht die Energie der Solarpanels für die Versorgung des Museums aus?

Nein. Wir wissen noch nicht, was uns das am Ende bringt; wir rechnen damit, das wir einen nicht unerheblichen Anteil unseres Strombedarfs decken können. Wir wissen nur, was es kostet. Die Heizung, beziehungsweise Kühlung wird übrigens mit Fernwärme der Stadt Wiesbaden betrieben. Insofern nutzen wir grüne Energie. Das war uns von Beginn an wichtig.

Das alles bedeutet hohe Anforderungen an die Haustechnik.
Gibt es dafür einen eigenen Mitarbeiter?

Heizung, Klima und Lüftung zählen zu den größten Herausforderungen in einem Museum. Hier wenden wir sicherlich die ausgefeilteste Technik an, die man derzeit in einem Museum einsetzen kann. Um die muss sich ein ausgewiesener Fachmann kümmern. Den haben wir uns vor längerer Zeit an Land gezogen. Es ist ein erfahrener HLK-Ingenieur, also ein Experte. Auch unser Hausmeister stammt aus diesem Gewerk, wir haben also zwei Fachleute.

Sie mussten der Technik sehr viel Platz einräumen?

Den mussten wir opfern. Anders ging es nicht. Fast die Hälfte des Untergeschosses wird für die Technik benötigt.

Wie wichtig ist Ihnen und dem Architekten die Harmonie
mit den anderen Gebäuden in der Nachbarschaft?

Für uns war wichtig, dass wir nicht höher bauen, dass wir nicht andere überragen. Wir sind mit den Dachhöhen das niedrigste Gebäude, wenn auch nur um Zentimeter, abgesehen von den Stadtvillen hinter uns, Richtung Frankfurter Straße. Wir wollten von der Straße aus nicht unsere Klimageräte sehen, die auf dem Dach stehen. Deshalb haben wir unsere Fassadensteine 1,35 Meter höher angeordnet.

Die Außenfassade des Museums Reinhard Ernst

Hat es Überlegungen gegeben, Elemente des Historismus zu integrieren in der Stadt des Historismus?

Wir leben in einer anderen Zeit. Da können wir keinen Historismus mehr bauen, nur nachahmen, das wollten wir nicht. Allerdings kann man ein neues Gebäude sehr gut in die alte Villenstruktur aus dem Historismus einbetten. Das sind keine Gegensätze. Das Neue darf das Alte nicht erschlagen. Natürlich ist es ein geschlossenes Gebäude, weil wir Räume brauchen, die keine Helligkeit durchlassen. Deshalb gibt es wenige Fenster. Aber das Gebäude ist in sich gegliedert in vier Quadranten, die sich um den Innenhof gruppieren. Maki sagte einmal, selbst wenn es keine Vorgabe der Stadt gegeben hätte, nicht höher zu bauen, hätte er darauf bestanden.

Viele Werke in der Sammlung haben außergewöhnliche Maße. Inwiefern beeinflusst das die Raumaufteilung und deren Größen?

Wir haben die Räume höher gebaut als in vielen vergleichbaren Museen. Da wir Werke haben, die bis zu sechs Meter hoch sind, mussten wir einen Raum haben, der über zehn Meter hoch ist, damit wir übergroße Werke hängen können, ohne dass sie zu gepresst oder gestaucht wirken. Auch eine Arbeit, die drei Meter hoch und fünf Meter breit ist, braucht eine größere Fläche. Im Rohbau wirkte alles noch viel größer, da waren die Decken noch nicht abgehängt, in welche die Technik integriert wurde. Die unterschiedlichen Raumhöhen führten dazu, dass keine Wand über der anderen steht. Dies führt zu großen statischen Herausforderungen. Mehr als zweitausendzweihundert Tonnen Stahl mussten verbaut werden.

Welche Anforderungen stellen Skulpturen wie die von Frank Stella, die ja von der Dreidimensionalität leben, an die Raumgestaltung?

Wir haben versucht, den Raum fast quadratisch zu machen, wobei eine Seite verglast wurde, um Sichtachsen herzustellen. Statt des im ersten und zweiten Obergeschoss verwendeten Parketts ließen wir durch eine Firma aus dem Erzgebirge Terrazzo herstellen. Auch der hohe, über zwei Etagen reichende Raum erhielt diesen Boden. Beide Räume beziehen viel Licht von oben, was einen Holzboden ausbleichen würde. Durch das Oberlicht des »Stella-Raumes« kann man den Himmel sehen, abends die Sterne. Bei extremer Sonneneinstrahlung lässt sich die Öffnung verdunkeln. Stellas Reliefe sind in dem Skulpturenraum an der Wand angebracht und ragen fast eineinhalb Meter in den Raum hinein. Das allein erfordert schon, dass der Raum groß sein muss, sonst stößt man zu schnell gegen die Werke. Große Begrenzungen können und wollen wir in den Museumsräumen nicht machen, außer vielleicht eine Linie am Boden ziehen. Ich hoffe, die Besucher werden schon von sich aus auf den Abstand achten, weil die Arbeiten so imposant sind.

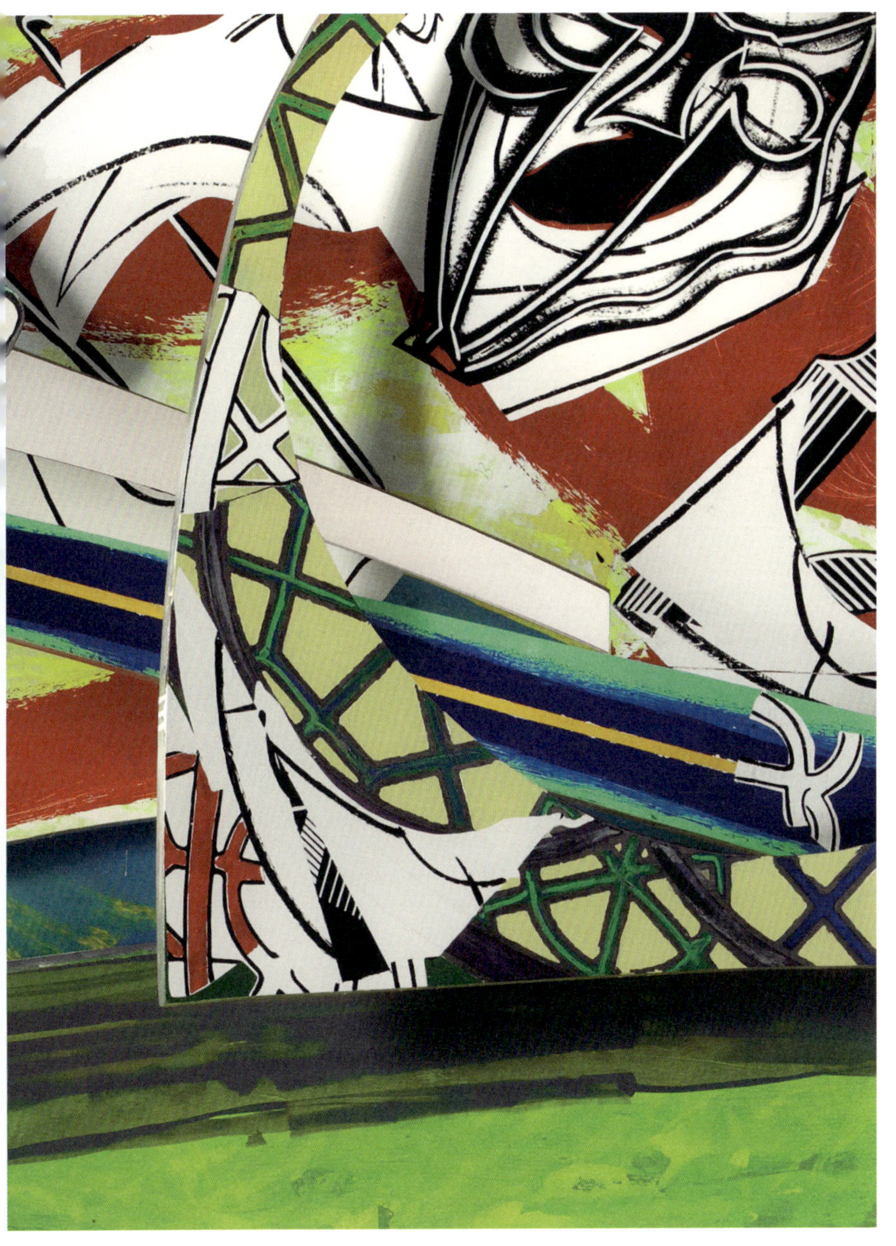

Frank Stella, »The Chase – Second Day; Moby Dick Series«, 1989, Ausschnitt

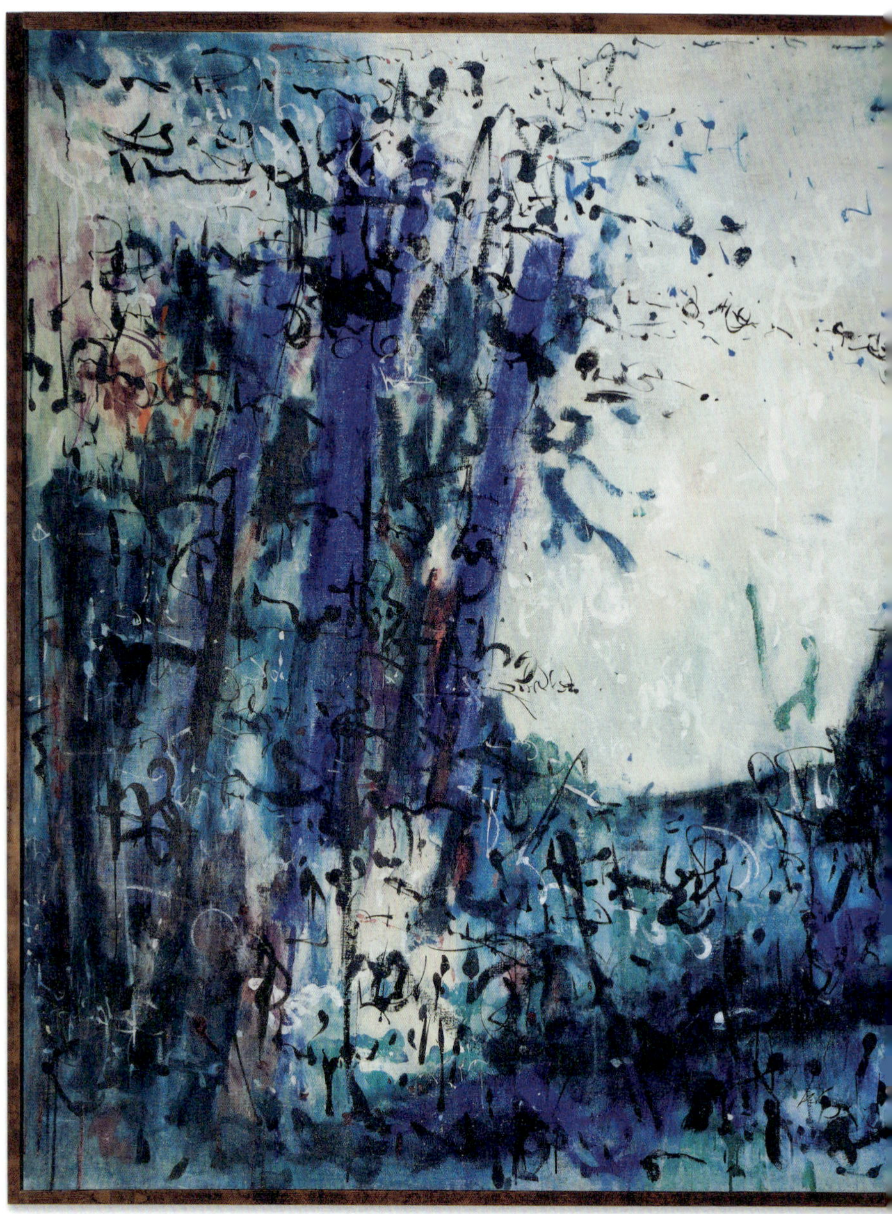

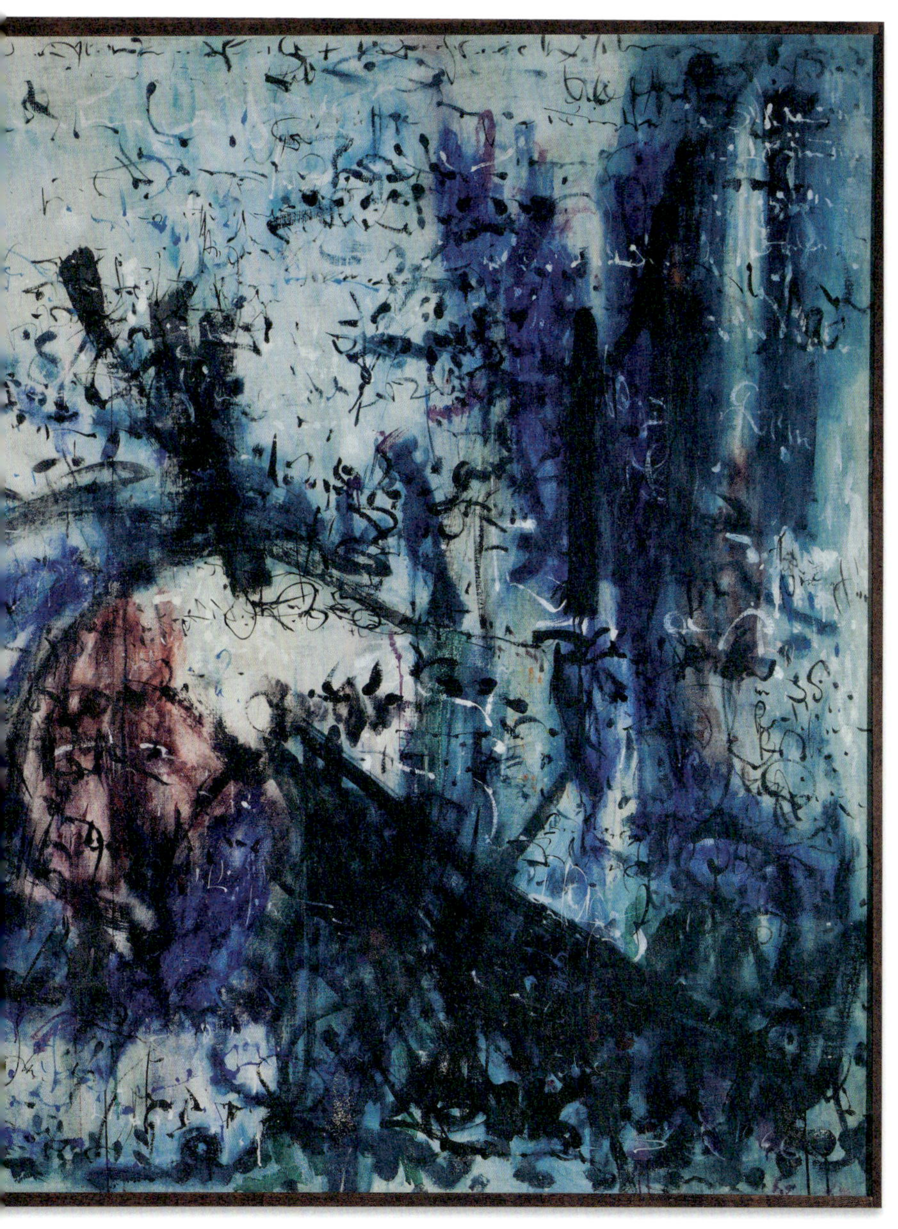

Hans Kaiser, »Bildnis einer Stadt, Venedig« 1966

Wie gut kennt Fumihiko Maki Ihre Sammlung?

Er kennt die Sammlung gut. Maki wollte alle Bilder sehen, die ich zu dem Zeitpunkt besaß. Er hat mithilfe einer 3D-Software die Bilder sogar schon an die Wände gehängt in einer Simulation. Das Büro Maki and Associates nutzt diese Software schon länger, weil er bereits einige Museen gebaut hat. Wir haben eine ähnliche Software für das Hängen der Bilder angeschafft – eine große Hilfe für unsere Kuratoren.

Wie kamen Sie auf die Idee, speziell für das Museum Werke in Auftrag zu geben, beispielsweise die beiden Skulpturen »Pair« von Tony Cragg?

Zum einen schätze ich Sir Tony Cragg als Künstler, aber auch als Mensch sehr und besaß schon vorher eine große Holzarbeit von ihm. Mir gefällt diese Art von organischen Skulpturen, deren Formen aus der Natur entlehnt zu sein scheinen. Er ist ein sehr angenehmer Mensch, das haben wir bei unserem Besuch bei ihm in Wuppertal erlebt. Er bot an, ein paar Skizzen zu zeichnen. In sechs Wochen, hieß es, sehen wir uns wieder und dann schauen wir mal. Bis dahin hatte ich Abbildungen von dem Standort, an dem wir die Skulptur platzieren wollten, und die entsprechenden Abmessungen. Als er uns seinen Entwurf gezeigt hat, waren meine Frau und ich uns sofort einig: Tony Cragg schafft die Skulptur!

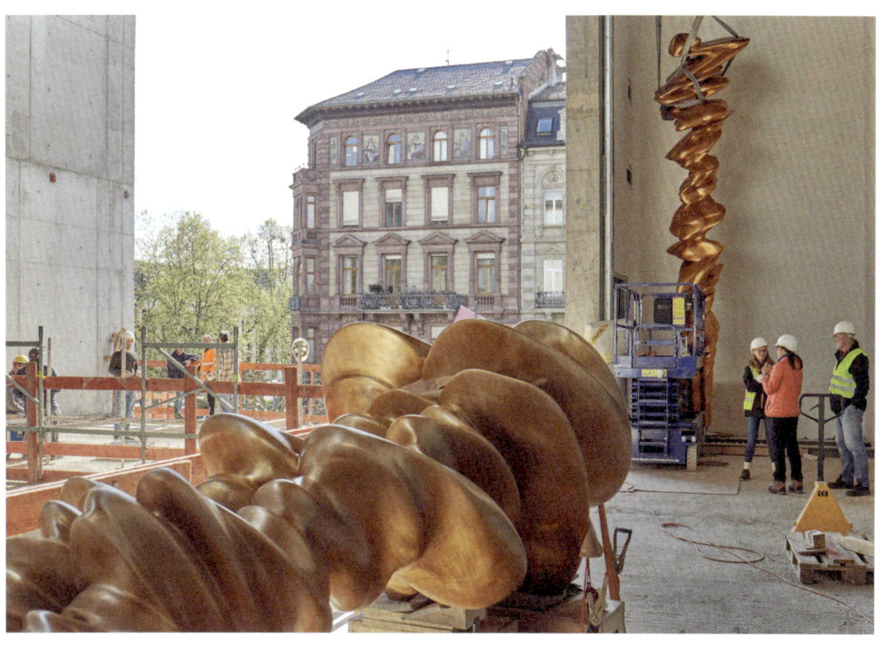

Einbringung der Skulptur »Pair« von Tony Cragg in das Museum Reinhard Ernst, 2021

Haben Sie ihn die Skulpturen nicht noch erhöhen lassen, damit sie oben ins zweite Stockwerk ragen?

Nein, er wollte unten etwas wegnehmen. Normalerweise beginnen diese für ihn typischen Windungen fünfzig Zentimeter über dem Boden, aber bei diesem Entwurf wuchs etwas aus dem Boden heraus. Er fragte, ob er das entfernen sollte. Das müssen wir lassen, habe ich geantwortet, weil man sonst die Arbeit, wenn man den zweiten Stock betritt, nicht mehr sieht.

Die Räume haben ihre festen Bestimmungen: Im ersten und zweiten Stock findet die ständige Ausstellung ihren Platz. Das Erdgeschoss ist Wechselausstellungen und weiteren besonderen Zwecken zugedacht?

Gehen Sie davon aus, dass auch in den oberen Stockwerken die Arbeiten nicht dauerhaft hängen werden. Wir werden die Sammlungspräsentation alle zwei bis drei Jahre ändern. Eine Dauerschau, die man fünf Jahre lang zeigt, ist heute nicht mehr denkbar. Auf der anderen Seite gibt es besondere Bilder, deretwegen die Besucher anreisen. Die kann man umhängen oder in einem anderen Kontext zeigen. Vom Erdgeschoss aus reicht der Raum für Wechselausstellungen, die alle sechs Monate wechseln werden, bis in den ersten Stock. Von dort kann man direkt in die ständige Ausstellung wechseln. Im Erdgeschoss steht noch die Installation von Karl-Martin Hartmann aus Glas. Hinzu kommt das Maki-Forum, das gemietet werden kann. Es erfüllt hohe Ansprüche, auch akustisch. Das Farblabor birgt noch die Besonderheit einer Glaswand, die von Katharina Grosse gestaltet wurde. Der Museumsshop ist besonders eingerichtet, man kann von außen dank der großen Glasflächen hineinsehen. Die Möbelstücke ließen wir nach Entwürfen des Architekten herstellen. Das gilt genauso für die Theken im Shop und im Bistro. Da musste alles zusammenpassen.

Wie sieht das Sortiment im Museumsshop aus?

Wir wollten ein besonderes Sortiment. Natürlich verkaufen wir auch Kunstpostkarten, das ist ja ein Geschäft. Aber wir bieten zusätzlich Dinge an, die hochwertiger sind, sowie Kleinigkeiten, die man einfach mal als Geschenk mitnimmt. Unsere eigenen Bücher und Kataloge haben einen wichtigen Anteil.

Sieht man dem Restaurant an, dass es ein Museumsbistro ist?

Wohl eher nicht. Es liegt an der Wilhelmstraße 1, ist durch die Glasfront gut einsehbar. Es ist schön designt, mit wertvollen Materialien eingerichtet und bietet über 60 Personen Platz. Nebenan zur Commerzbank hin steht eine große Außenfläche zur Verfügung, für fast hundert Sitzplätze. Die Öffnungszeiten müssen sich nicht unbedingt nach denen des Museums richten und es ist für die Allgemeinheit geöffnet.

Das Depot, das Sie einrichten,
kann alle Ihre bisher gesammelten Werke aufnehmen?

Viel mehr. Die tragenden Säulen, die viel abfangen müssen, sind so gestaltet worden, dass die Schiebewände für das Magazin daran vorbeigeführt werden können. Wir haben über dreitausendzweihundert Quadratmeter Wandhängefläche. Die Schiebewände und Schienen wurden nach den Maßen des Raumes angefertigt.

Wie ist das Depot gegen Starkregen und ähnliche Flutkatastrophen geschützt?

Wir haben das gemacht, was heute möglich ist und von dem wir glauben, dass es standhält. Wir haben das Museum schon von Anfang an sechzig Zentimeter höher gesetzt, weil ich selbst erlebt habe, wie das Wasser zwanzig Zentimeter hoch auf der Wilhelmstraße stand. Wenn aber auf der Wilhelmstraße mal das Wasser eineinhalb Meter hochstünde, hätten wir ein Problem. Da helfen nur noch Sandsäcke. Wären wir noch höher über das Bodenniveau gegangen, hätten wir nach oben die Traufhöhen der anderen Häuser überschritten. Das wollten wir nicht.

Wie lange soll das Gebäude eigentlich stehen?

Meine Perspektive ist, dass wir das Gebäude für die Dauer des Erbbaurechtsvertrages gebaut haben. Der Vertrag läuft über neunundneunzig Jahre. Da das Haus immer auf dem neuesten Stand gehalten wird, muss das eine oder andere erneuert werden. Grundsätzlich ist das Haus so flexibel gebaut, dass es innen vielfach verändert werden kann. Es kann gut hundert Jahre hier stehen, eher viel länger, wenn dann der Erbbaurechtsvertrag verlängert wird.

KAPITEL SIEBEN

»In keinem Falle möchte ich, dass da eine Büste von uns aufgestellt wird.«

Haben Sie schon einmal über den Tod nachgedacht und was danach geschieht oder geschehen soll?

Mit sechzig bestimmten meine Frau und ich unser gemeinsames Testament, vor zwei Jahren haben wir es umfangreich überarbeitet. Bestattet werden wollen wir auf dem Friedhof in Wiesbaden-Naurod. Nach Naurod hat nicht nur meine Frau enge Beziehungen und dort viele Freunde und Bekannte, sondern ich auch. In dem Grab liegen schon meine Schwiegereltern.

Ein Testament zu machen, bedeutet immer auch, an den Tod zu denken. Ist Ihnen das schwergefallen?

Wer denkt schon gerne an seinen Tod. Aber ich habe das nicht vor mir hergeschoben, weil es mir unangenehm war, sondern weil es eine Menge Arbeit bedeutet. Man muss so vieles bedenken. Wenn ich zum Beispiel zuerst ablebe, was aufgrund meines Alters zu erwarten ist.

Haben Sie sich auch unter anderen Aspekten mit dem Tod und mit dem Sterben beschäftigt?

In meinem Alter befasst man sich natürlich damit. Ich denke an den Moment, wenn jemand von uns beiden übrigbleibt. Das ist nicht ganz einfach. Was mich betrifft: Ich glaube an das Leben nach dem Tod. Das ist ein Riesenvorteil und hilft bei mancher Entscheidung. Ein Zweifel bleibt, aber im Grundsatz glaube ich daran, und eine Chance von fünfzig zu fünfzig ist allemal da. Ich frage mich manchmal, wie viele gute Jahre wir noch vor uns haben, wir sind geistig noch fit und auch körperlich einigermaßen auf Zack. Sind es noch fünf, zehn, fünfzehn Jahre? Meine Mutter ist 2023 hundert Jahre alt geworden, ebenfalls geistig noch gut in Form, aber ohne fremde Hilfe könnte sie nicht allein leben.

Im Internet kann man mithilfe einiger Indikatoren wie Risikofaktoren, Beruf, Geschlecht und so weiter sein zu erwartendes Lebensalter ausrechnen, würde Sie das interessieren?

Ich glaube, das dabei festgestellte Alter habe ich schon fast erreicht. Ich möchte es nicht wissen.

Sie beschäftigt eher der Gedanke, wie Ihre Frau nach Ihrem Ableben klarkommt.

Wenn ich wüsste, dass sie gut damit klarkommt, hätte ich gar keine Probleme. Ich hoffe, ich bekomme noch etwas Zeit geschenkt.

Was wäre für Sie das größte Problem, wenn Sie alleine zurückblieben?

Ich liebe meine Frau, und je älter wir werden, desto fester wird unsere Bindung. Sicherlich wäre das größte Problem, dass ich alleine wäre. Meine Frau kümmert sich um alles, um das Haus, um den Garten, sie nimmt mir alles ab. Sie denkt an die Geburtstage von Verwandten und Freunden, an die Geschenke zu Fest- und Geburtstagen. Als ich noch gearbeitet habe, habe ich oft Gäste mitgebracht. Meine Frau hat dafür ihren Beruf aufgegeben. Sie war vollbeschäftigt. Ich hätte ein Riesenproblem, wenn ich plötzlich allein wäre. Ich möchte es mir auch nicht vorstellen. Allerdings fürchte ich, dass meine Frau genauso denkt.

Ist Ihnen egal, was die Menschen später einmal von Ihnen denken?

Mir ist wichtig, dass mit dem, was wir geschaffen haben, für all diejenigen, die uns dabei geholfen haben, etwas Gutes herauskommt. Was zum Beispiel die Stiftung macht, das ist mir wichtig. Das Museum heißt zwar auf Wunsch meiner Frau und nach Entscheidung unseres Stiftungsrates »Museum Reinhard Ernst«, aber wir versuchen, eine Marke zu etablieren, die eines Tages nur noch »mre« heißt. Mein Name spielt dann gar keine Rolle mehr. Wer in zwanzig Jahren einmal in das Museum geht, den interessiert doch gar nicht, wer dieser Ernst war. Wer weiß heute noch, wer von der Heydt oder Städel waren. Die Kunst und das Gebäude spielen die Hauptrolle und so muss es auch sein. In keinem Falle möchte ich, dass da eine Büste von uns aufgestellt wird. Von mir aus kann dort ein Hinweis angebracht sein, dass die Reinhard & Sonja Ernst-Stiftung das Museum gebaut hat, aber das war's.

Viten

Reinhard Ernst, aufgewachsen zwischen Bremthal und dem Westerwald, baute in Limburg zwei international vernetzte Firmen auf und arbeitete viele Jahre als Industrieller, bevor er sich ganz dem Sammeln abstrakter Malerei verschrieb. Gemeinsam mit seiner Frau Sonja gründete er im Jahr 2004 die gemeinnützige Reinhard & Sonja Ernst-Stiftung. Seit 2000 lebt das Ehepaar in Wiesbaden.

Peter Lückemeier (1950–2023) war Sachbuchautor und Journalist. Seit 1980 arbeitete er in verschiedenen Positionen bei der FAZ. Seine monatliche Interview-Sendung mit FAZ-Herausgeber Werner D'Inka wurde auch nach seinem Eintritt in den Ruhestand 2016 weiterhin ausgestrahlt.

Stefan Schröder war jahrzehntelang als Journalist für die Rhein-Main-Ausgabe der Frankfurter Allgemeinen Zeitung tätig und für den Wiesbadener Kurier, den er als Chefredakteur bis 2022 geleitet hat.

Bildnachweis

S. 16 © Joseph Marioni; Foto © Courtesy of Christie's // S. 18 © VG Bild-Kunst, Bonn 2024; Foto © Tanja Nitzke 2023 // S. 20 © VG Bild-Kunst, Bonn 2024; Foto © Borgers/Herrmann // S. 21 © Erbengemeinschaft Hubert Berke; Foto © Borgers/Herrmann // S. 25 © VG Bild-Kunst, Bonn 2024; Foto © Martin Url // S. 29 Ausstellungskatalog Wolfram-Eschenbach © Galerie 59 Aschaffenburg // S. 35 © Helen Frankenthaler Foundation, Inc. / VG Bild-Kunst, Bonn 2024; Foto © Courtesy of Christie's // S. 36 © Erbengemeinschaft Hubert Berke; Foto © Mariana Zell // S. 42/43 © Dedalus Foundation, Inc. / VG Bild-Kunst, Bonn 2024; Foto © Martin Url // S. 45 © Helen Frankenthaler Foundation, Inc. / VG Bild-Kunst, Bonn 2024; Foto © Courtesy of Christie's // S. 46 Hubert Berke, ca. 1950 © Chargesheimer // S. 52 © VG Bild-Kunst, Bonn 2024; Foto © Marburger/Helbig // S. 54/55 © Zabalaga-Leku / VG Bild-Kunst, Bonn 2024; Foto © Courtesy of Sotheby's // S. 56 © VG Bild-Kunst, Bonn 2024; Foto © Lempertz / Saša Fuis Photographie // S. 57 © Yoshi Iida; Foto © Mariana Zell // S. 60/61 © VG Bild-Kunst, Bonn 2024; Foto © VAN HAM Kunstauktionen/Saša Fuis Photographie // S. 64/65 © Damien Hirst and Science Ltd. All rights reserved / VG Bild-Kunst, Bonn 2024; Foto © unbekannt // S. 71 © Anselm Kiefer; Foto © Courtesy of Christie's // S. 73 © Helen Frankenthaler Foundation, Inc. / VG Bild-Kunst, Bonn 2024: Foto: © mre // S. 75 © Erbengemeinschaft Hubert Berke; Foto © Borgers/Herrmann // S. 104 Ansichtszeichnung Musikschule Eppstein © Hamm + Partner PartG mbB Architekten und Ingenieure / Foto Musikschule Eppstein © Reinhard & Sonja Ernst-Stiftung // S 118 Johannes Wedding, Foto © Bernd Fickert / Oliver Ickstadt, Foto © Tanja Nitzke // S. 126 Walderdorffer Hof, Zeichnung Luthmer 1907 // S. 127 Stadtpalais Walderdorffer Hof © Reinhard & Sonja Ernst-Stiftung // S. 130 Fumihiko Maki; Foto © privat // S. 132 Begegnungszentrums in Natori © privat // S. 155 Dr. Oliver Kornhoff, Foto © Tanja Nitzke // S. 167 © VG Bild-Kunst, Bonn 2024; Foto © Martin Url // S. 169 Reinhard & Sonja Ernst-Stiftung, Museum Reinhard Ernst; Foto © Helbig Marburger 2024 // S. 172 Foto © TOimages – stock.adobe.com // S. 175 Foto © Marburger Helbig // S. 177 © VG Bild-Kunst, Bonn 2024; Foto © VAN HAM Kunstauktionen/Saša Fuis Photographie // S. 178/179 © Erbengemeinschaft Hans und Hilde Kaiser; Foto © Borgers/Herrmann // S.181 © VG Bild-Kunst, Bonn 2024; Foto © Marburger/Helbig

Der Verlag hat sich bemüht, für alle Bilder und Texte Rechteinhaber und Rechtsnachfolger zu ermitteln. Sollten noch Ansprüche bestehen bitten wir, sich an den Verlag zu wenden.

Möchten Sie regelmäßig über neue Veröffentlichungen und Veranstaltungen informiert werden sowie exklusive Einblicke erhalten? Dann abonnieren Sie unseren Newsletter!

Es ist ganz einfach – besuchen Sie unsere Internetseite oder nutzen Sie den beigefügten QR-Code, um sich anzumelden.

Wir freuen uns darauf, Sie willkommen zu heißen!

Bibliografische Information der Deutschen Nationalbibliothek
Die Deutsche Nationalbibliothek verzeichnet diese Publikation in der Deutschen Nationalbibliografie; detaillierte bibliografische Daten sind im Internet über http://dnb.d-nb.de abrufbar.

Lektorat: Tabea A. Rotter, Wiesbaden
Covergestaltung: Karina Bertagnolli, Wiesbaden
Layout, Satz und Bearbeitung: Anja Carrà. Weimar
Der Titel wurde in der Adobe Caslon Pro gesetzt.
Gesamtherstellung: Druckerei Vogl GmbH & Co. KG | www.druckerei-vogl.de
Printed in Germany

ISBN: 978-3-7374-0501-0

Mehr über Ideen, Autor:innen und Programm des Verlags finden Sie auf www.verlagshausroemerweg.de und in Ihrer Buchhandlung.